PAULA RIZZO

LISTOMANIA

ORGANIZANDO PENSAMENTOS

UTILIZANDO-SE DE LISTAS
PARA TORNAR-SE **MAIS PRODUTIVO**,
MAIS BEM-SUCEDIDO E **MENOS ESTRESSADO**

DVS EDITORA

São Paulo, 2016

"Criar e manter um 'cérebro externo' para navegar no nosso mundo é fundamental para um estilo de vida sustentável. Paula Rizzo escreveu um manifesto completo e divertido que nos permite tirar dos ombros as tarefas de lembrar – e de não nos esquecermos – de livrar nossa mente de coisas banais para que possamos nos concentrar no que realmente importa."

—David Allen, autor *best-seller* internacional
do livro *A Arte de Fazer Acontecer*.

"Há algo de muito gratificante em escrever listas e rabiscá-las depois de concluídas. *Listomania* incorpora a arte de fazer listas no trabalho, em casa e na hora da diversão para que você se sinta menos sobrecarregado e possa curtir mais a vida."

—Julie Morgenstern, *expert* em produtividade e autora do
best-seller do *New York Times Time Management from the Inside Out*.

"Aqueles que (como eu) amam fazer listas aguardam há muito tempo por um livro maravilhoso como este. Trata-se de um livro prático, divertido e que faz pensar. Ele irá inspirar seus leitores a criarem eles mesmos suas listas – tanto para que eles próprios consigam produzir mais, mas também para que sejam capazes de se divertir mais."

—Gretchen Rubin, autora do *best-eller* local pelo
The New York Times, e também internacional, *Projeto Felicidade*.

"Paula Rizzo oferece um antídoto ao 'ocupado demais' com conselhos práticos sobre como preparar listas que realmente funcionam. Sua abordagem direta e prática nos ajuda a gerenciar nossas tarefas ao invés de deixar que nossa ansiedade faça esse serviço. Uma obra obrigatória para todos aqueles gostam de fazer listas."

—Mary Carlomagno, autora, organizadora,
palestrante e proprietária do site orderperiod.com.

"Fazer listas mudou minha vida. Como fã do *blog List Producer* da Paula Rizzo, vou usar o livro *Listomania* como parte da minha rotina diária para executar tarefas."

—Reeda Joseph, autora do livro *Girlfriends Are Lifesavers*.

LISTOMANIA

ORGANIZANDO PENSAMENTOS

UTILIZANDO-SE DE LISTAS PARA TORNAR-SE **MAIS PRODUTIVO**, **MAIS BEM-SUCEDIDO** E **MENOS ESTRESSADO**

PAULA RIZZO

Prefácio de Julie Morgenstern

DVS EDITORA

www.dvseditora.com.br

Listomania: Organizando pensamentos
Utilizando-se de Listas para Tornar-se Mais Produtivo, Mais Bem-Sucedido e Menos Estressado
Copyright© 2016 DVS Editora Ltda
Todos os direitos para a território brasileiro pela editora.

Listful Thinking
Using Lists to be more Productive, Highly Successful and Less Stressed
Copyright© 2014 by Paula Rizzo

Nenhuma parte deste livro poderá ser reproduzida, armazenada em sistema de recuperação, ou transmitida por qualquer meio, seja na forma eletrônica, mecânica, fotocopiada, gravada ou qualquer outra, sem a autorização por escrito do autor

Tradução: Sieben Gruppe
Capa: Spazio Publicidade e Propaganda / Grasiela Gonzaga
Diagramação: Schäffer Editorial

Dados Internacionais de Catalogação na Publicação (CIP)
(Câmara Brasileira do Livro, SP, Brasil)

Rizzo, Paula
   Listomania : organizando pensamentos : utilizando-se de listas para tornar-se mais produtivo, mais bem-sucedido e menos estressado / Paula Rizzo. -- São Paulo : DVS Editora, 2016.

1. Administração de tempo 2. Conduta de vida 3. Controle do estresse 4. Logística (Organização) 5. Organização - Métodos 6. Organização doméstica 7. Tempo - Administração I. Título.

16-06080   CDD-640

Índices para catálogo sistemático:

1. Vida pessoal : Organização : Economia
   doméstica   640

Dedico este livro à minha mãe, que me ensinou a encontrar a felicidade no meu próprio quintal e a sempre perseguir meus sonhos, independentemente do número de listas que eu tivesse de fazer para alcançá-los.

Sumário

Prefácio ix

Introdução xiii
Minha vida em listas

Capítulo 1 1
O que as listas são capazes de fazer por você?

Capítulo 2 19
Nem todas as listas são criadas da mesma maneira

Capítulo 3 37
Introdução à criação de listas – curso básico

Capítulo 4 50
Listas no trabalho levam ao sucesso – adote-as!

Capítulo 5 62
Lista doce lista: a vida doméstica torna-se mais fácil com o uso de listas

Capítulo 6 75
Gerencie seu estilo de vida por meio de listas e revele-se um ser sociável

Capítulo 7 92
A terceirização de sua vida o libertará

Capítulo 8 105
Tornemo-nos digitais

Índice de listas 127

Agradecimentos 138

Sobre a autora 140

PREFÁCIO

Nem todo mundo nasce com o gene da organização, como Paula Rizzo. Eu, por exemplo, certamente não sou uma dessas pessoas. Talvez vocês jamais desconfiem disso em relação a mim, mas sempre adorei a falta de ordem – o **caos**. Sempre fui uma pessoa criativa, acostumada a usar o lado direito do cérebro, que adorava se aventurar pela **imprevisibilidade** e **espontaneidade do teatro**. Como atriz, dançarina e diretora, sempre admirei aquele que conseguiam "**ser práticos e organizados**", embora eu mesma não conseguisse ser assim.

O fato é que ser desorganizada me mantinha em um constante estado de estresse. A despeito do que estivesse fazendo, sempre me preocupava com o que poderia estar esquecendo. Havia uma gravação constante rodando no meu cérebro de tudo o que precisava me lembrar. Aquilo me impedia de vivenciar e saborear cada momento da vida. Cada décimo pensamento acabava sempre sendo: "Um dia eu ainda conseguirei me organizar." Porém, a verdade é que a ideia de me tornar organizada me aterrorizava.

Eu imaginava que me tornar organizada poderia limitar minha criatividade e refrear minha personalidade espontânea e divertida. Eu queria muito ser mais produtiva e ordeira, contudo, não desejava me tornar chata e entediante. Foi então que tive uma ideia.

Quando minha filha, Jessi, nasceu, meu mundo mudou para sempre. Um dia perdi a oportunidade de levá-la para andar pela primeira vez, porque quando finalmente consegui reunir tudo o que precisava para colocar na mochila da bebê, ela já havia caído no sono. Foi então que percebi que, pelo bem dela, eu precisava dar um jeito naquela situação. Viver num eterno estado de caos funcionava quando eu era a única pessoa impactada pelos efeitos, mas agora havia um pequeno ser humano pelo qual eu era responsável.

Foi então que decidi me organizar, mesmo que aquilo significasse reduzir um pouco minha criatividade. Eu comecei fazendo uma LISTA de tudo que tinha de ficar dentro da mochila da bebê. Assim, sempre que tinha uma possibilidade de sair com ela, podia verificar rapidamente se estava tudo ali. Desde então, nunca mais perdi uma oportunidade na vida pelo fato de não estar preparada. Essa lista da mochila foi a primeira e, confesso que ela me fez sentir tão bem que passei a utilizar o mesmo conceito em outras áreas de minha vida. Criei uma lista para cada área de minha vida que desejava organizar e lidei com cada uma dela, uma por uma. Então, à medida que fui me organizando, algo interessante aconteceu.

Em vez de a minha criatividade diminuir, minhas ações se mostraram libertadoras. Senti-me confiante, centrada; pela primeira vez, pude ver as coisas de maneira clara e perceber que estava no comando da situação. Todas as minhas ideias estavam em um único lugar e eu conseguia agir sobre elas. Tudo o que eu precisava estava ao alcance dos meus dedos e aquele senso de realização me deu ainda mais força para que me tornasse ainda mais inspirada e habilidosa.

De repente eu conseguia ser as duas coisas – **organizada** e **criativa**. Foi então que eu parti na missão de ajudar outras pessoas que, como eu, também resistiram por vários anos à ideia de colocar ordem nas coisas. Eu realmente compreendo o que significa congelar diante da simples ideia de desenvolver uma lista de tarefas. Mas não tenha medo – a LISTA é o primeiro grande passo para se conseguir assumir o controle de algo. Com todas as suas ideias devidamente capturadas, isso o **liberta** para que possa fazer escolhas, concentrar-se no que é **mais importante** e não se deixar desviar por qualquer coisa, ou seja, por pequenos detalhes que nada tem a ver com as questões principais que de fato importam.

Veja na sequência uma pequena LISTA de tudo o que é **fantástico** sobre LISTAS:

✓ Elas aliviam a ansiedade e a preocupação de que você possa esquecer de algo.

✓ Permitem que você se concentre em fazer algo e não se lembrar de algo.

✓ Permitem que você foque naquilo que realmente importa (e se livre de uma vez do que não importa).

✓ O colocam numa posição em que é possível delegar mais facilmente (apenas tire algo de sua lista e o transfira para alguém que possa ajudá-lo).

✓ Alimenta seu senso de realização à medida que você elimina cada novo item finalizado.

✓ Automatiza funções-chave de sua vida – o que, por sua vez, facilita tudo!

Como uma ex-desorganizada-mor posso dizer-lhes com total segurança – é maravilhoso estar do outro lado. Quando encontrei Paula, conversamos a respeito da organização de estantes e daquela sensação maravilhosa que se tem quando um dos itens é eliminado de sua lista de afazeres.

Todavia, Paula e eu somos pessoas diferentes. Ela sempre capturava as tarefas que surgiam em sua mente num bloco de notas, e no momento em que elas apareciam, sempre as colocava em ordem alfabética. Mas essa é a beleza de se fazer listas. Elas são capazes de ajudar a qualquer um – independentemente de você estar na área da produtividade ou da criatividade.

Todos nós somos diferentes, e sou plenamente a favor de dar às pessoas o poder e os instrumentos corretos para que elas se tornem e **permaneçam** organizadas. E é exatamente isso o que Paula faz com *Listomania – Organizando Pensamentos*. Aprender a usar uma lista de tarefas a seu favor é uma das melhores lições organizacionais que receberá em sua vida.

É claro que já fui chamada de "a rainha de colocar a vida dos outros em ordem", mas ainda não sou perfeita. Conforme encaro novos projetos e desafios, ou mesmo quando cresce o número de funções e parece que não conseguirei dar conta de tudo que tenho a fazer, ainda existem aqueles dias caóticos. Mas há sempre uma lista para colocar tudo em ordem e me recolocar no controle. Sempre há algo a se aprender quando o assunto é aumentar minha produtividade, minha eficiência e o meu sucesso, e, por sorte, Paula escreveu o livro *Listomania – Organizando Pensamentos* – para nos guiar.

Apenas comece por coisas pequenas – tudo de que precisa é de uma a única lista para **libertá-lo(a)**.

Julie Morgenstern
Autora com livros de sucesso como
Time Management from de Inside Out e
Organizing from the Inside Oustsife

INTRODUÇÃO: Minha vida em listas

Olá. Meu nome é Paula Rizzo e sofro de *glazomania* (listomania). De acordo com o Dictionary.com, esta condição é uma espécie de paixão por fazer listas. Já o Encyclo.co.uk define o termo como "um fascínio incomum por criar listas." **Sim, eu sou viciada em desenvolver listas.**

Assim, sou definitivamente menos estressada que a maioria das pessoas e, com certeza, agradeço às minhas listas por isso. É claro que ainda existe uma certa ansiedade no que se refere a ticar todos os itens que constam delas, mas tenho minhas próprias ferramentas e meus próprios truques para evitar tal sensação. Na qualidade de produtora de televisão na cidade de Nova York, um trabalho em que tudo depende do cumprimento de prazos – e também como ganhadora de um prêmio Emmy, o Oscar da TV – devo muito do meu sucesso às minhas listas. Eu as utilizo para tudo, seja obter mais no trabalho, planejar um casamento ou encontrar um apartamento.

Na verdade, sempre fui uma criadora compulsiva de listas. Elas englobam, por exemplo:

- ✓ Coisas a fazer.
- ✓ Lugares a visitar.
- ✓ Ideias de histórias.
- ✓ Aplicativos a testar.
- ✓ Restaurantes que amo.
- ✓ Livros para ler.
- ✓ Eventos a planejar.

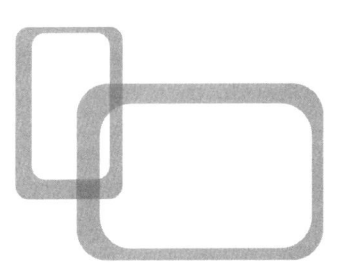

As listas não têm fim. Costumo fazê-las até mesmo para ter o que dizer em situações embaraçosas, quando preciso comprar um sutiã ou fazer as pessoas sorrirem. Descobri que quanto melhor preparada eu estiver para enfrentar toda as situações da vida, maior a probabilidade de tudo correr bem. Compreendo que nem todo mundo seja tão compulsivo em pesquisar e criar listas como eu, mas acredito que você possa se valer disso. E foi justamente pensando nisso que escrevi este livro – para ajudá-lo a retomar o controle de sua vida e a não se sentir tão sobrecarregado.

SENTINDO-SE SUPER SOBRECARREGADO?

Sempre tive medo de mudanças. Quando era criança, cresci muito ligada a tudo o que conhecia, então, odiava ter de encarar um novo professor na escola ou precisar me sentar numa carteira diferente. Depois de adulta, quando meu marido Jay disse que achava que deveríamos deixar nosso apartamento em Forest Hills, no Queens, e nos mudarmos para Manhattan, fiz o que sempre faço: tornei-me introspectiva e, a princípio, rejeitei a ideia. Eu pensei: **por que precisamos de um novo apartamento? Esse é tão bom!** Uma mudança é algo bastante assustador e desconhecido, então, terei de realmente de me esforçar muito para superá-la.

A questão é que eram bairros demais e tempo de menos: Upper East Side, Midtown East, SoHo, Financial District, East Village, Gramercy. Verificamos todas essas áreas de Manhattan em busca de opções de aluguéis que se encaixassem em nosso orçamento. Porém, depois que encontrava algo de que gostávamos, assim que descia do trem e voltava para o nosso antigo apartamento eu já tinha me esquecido de quantos armários havia no novo imóvel; se tinha um equipamento de ar-condicionado/aquecedor e, inclusive, em que andar ficava! Quando você está alugando, muitas vezes os anúncios não são completos. Eles não têm fotos, por exemplo, e raramente trazem plantas. Normalmente sou muito boa em prestar atenção aos detalhes e me manter focada, mas, por alguma razão, aquela simples tarefa estava me deixando completamente sobrecarregada. Fiquei chocada comigo mesma até que percebi o porquê.

A VIDA É MAIS FÁCIL QUANDO SE TEM UMA LISTA NAS MÃOS

O fato é que eu não estava abordando a situação da maneira correta, ou seja, daquela que, por experiência própria, funcionaria adequadamente para mim – com uma lista nas mãos! Depois de várias viagens decepcionantes e frustrantes, decidi agir como no trabalho e criar um *checklist*, ou seja, uma **lista de verificação**. Enquanto produtora de televisão e conteúdo para *Web* na Grande Maçã, estou acostumada a desenvolver segmentos tanto dentro de estúdios quanto fora deles. Isso significa que, entre outras coisas, proponho ideias de histórias, conduzo entrevistas, agendo convidados, preparo âncoras, organizo a entrada dos intervalos, e muito mais. Percebi que se eu aplicasse em minha vida particular apenas algumas das ferramentas e técnicas que me ajudam a ser bem-sucedida no trabalho, não teria nenhum problema em encontrar o lugar perfeito para morar.

Quando produzo trechos de um programa, costumo usar listas de verificação e resumos para me manter bem organizada. Então, seguindo esse mesmo raciocínio, fiz uma relação de todas as coisas nas quais precisaria prestar atenção quando estivesse visitando um apartamento: localização, andar, vista, tipo de piso (madeira ou carpete), número de armários, metragem quadrada, número de dormitórios e banheiros, existência ou não de máquina de lavar louça, tamanho da lavanderia, se existe ou não portaria etc. Essa lista se tornou nosso guia pessoal sempre que visitávamos um novo imóvel. Jay e eu a consultávamos enquanto caminhávamos pelo espaço e fazíamos perguntas conforme o que estivesse relacionado ali. Isso nos permitiu focar exatamente no que precisávamos prestar atenção a fim de que pudéssemos sair de cada local com todas as informações cruciais para tomar uma decisão clara e objetiva.

PENSE COMO UM PRODUTOR

De modo bastante parecido com o que acontece com um *checklist* de filmagem, esse roteiro me ajudou a prestar atenção e a saber exatamente o que planejava e precisava obter. Quando saio para uma tomada externa em busca de cenas para compor uma reportagem, sempre levo uma lista contendo todas as perguntas que preciso fazer, assim como as imagens que preciso captar.

Em geral, no dia anterior ao evento, sento-me à minha mesa e ensaio toda a entrevista em minha cabeça. Visualizo exatamente como ela deverá se desenrolar. Por exemplo, entrevisto primeiramente o médico; em seguida, filmo o médico examinando o paciente e, depois, converso com o paciente. Penso sobre o propósito da história e, então, escrevo uma lista contendo todas as perguntas que devo fazer ao profissional e ao paciente. Isso me ajuda a ter certeza de que não deixarei nada de fora.

Não importa quantas vezes eu já tenha feito isso no passado, sempre me certifico de realizar previamente esse trabalho adicional. Tudo pode acontecer, e quaisquer distrações e contratempos poderão custar caro. Na TV, a última coisa que você deseja é voltar para o trabalho sem uma tomada boa e que possa ser levada veiculada. Claro, os editores em geral conseguem fazer maravilhas, mas sem uma imagem do médico realizando alguma parte importante de um procedimento, sua contribuição estará perdida.

Às vezes, quando estou em uma tomada, as coisas não saem exatamente como planejado: um médico tem de sair durante a entrevista justamente para ver um paciente, ou surge uma cirurgia de emergência. Todavia, com a lista em mãos, sei exatamente onde paramos e o que mais precisará ser feito antes de eu sair do local.

Voltando agora à busca pelo apartamento perfeito, de posse de minhas listas de verificação eu retornava para casa e espalhava todas elas diante de nós, para que Jay e eu pudéssemos compará-las. Isso nos ajudou a encontrar um fabuloso apartamento em East Village, onde adoramos viver por quatro anos.

LISTPRODUCER.COM

Cerca de um mês depois de nos mudarmos, uma amiga começou a procurar apartamento. Na ocasião ela me contou o quanto se sentiu desorganizada e sobrecarregada com sua procura e me pediu "aquela lista que você usou". Eu lhe dei uma cópia e lá se foi ela. No final, aquilo também a ajudou a encontrar o apartamento dos sonhos. Na época, um agente imobiliário viu a lista e pediu-lhe uma cópia. Ele achou que era uma grande ideia e quis compartilhá-la com seus clientes para que estes pudessem manter o foco e fazer as perguntas certas. Minha amiga voltou e disse: "Acho que você está no caminho certo com suas listas."

Em abril de 2011, lancei o ListProducer.com. Trata-se de um *site* voltado para a produtividade onde compartilho não apenas minhas listas, mas também outras técnicas voltadas para a busca de eficiência e implementação de ideias que adquiri junto a especialistas de diversas áreas. O conceito de **organização de pensamentos** – ou **Listomania**, como costumo chamá-lo carinhosamente – pode ser aplicado a qualquer coisa na vida, assim como a quase todas as situações. Meu objetivo com esse *site* é ajudar as pessoas a se tornarem mais eficientes, produtivas e, ao mesmo tempo, menos estressadas em tudo o que elas fazem.

LISTOMANIA – ORGANIZANDO PENSAMENTOS

Veja o que este livro poderá fazer por você:

- ✓ Torná-lo mais produtivo e eficiente, tanto no trabalho como em casa.

- ✓ Ensinar-lhe novas estratégias e corrigir maus hábitos ao criar listas.
- ✓ Proporcionar-lhe mais tempo para fazer as coisas que você realmente quer fazer.
- ✓ Orientá-lo a terceirizar certos aspectos de sua vida para que você não tenha de fazer tudo você mesmo, o tempo todo.
- ✓ Apresentá-lo a aplicativos, serviços e *sites* que poderão ajudá-lo a manter-se organizado.
- ✓ Ajudá-lo a dar presentes mais adequados, organizar festas melhores e a se revelar mais engajado, simplesmente porque você terá mais tempo para fazê-lo.
- ✓ Mostrar-se menos estressado.

DEFINA UM OBJETIVO

Eis um passo importante! Prepare-se para soltar um profundo suspiro de alívio. Porém, antes de mais nada, você terá de cumprir uma tarefa: faça uma lista de três coisas que espera obter deste livro. Isso pode envolver qualquer elemento que eu tenha acabado de listar ou até outra coisa que lhe venha à mente, como "ser mais organizado(a)", por exemplo. Caberá a você decidir. Eu o(a) guiarei ao longo dos próximos capítulos para que alcance suas metas, lista por lista.

UMA AJUDINHA EXTRA

Espero que este livro o ajude a entrar em ação e a fazer cada vez mais. Mas percebo que, às vezes, é difícil manter-se motivado, então, já vou lhe dar uma mãozinha. Projetei um *kit* de ferramentas para avaliar onde você poderia usar mais listas e de que modo elas serão capazes de melhor atendê-lo. No *site* você encontrará alguns itens interessantes para mantê-lo focado e ajudá-lo a alcançar seus objetivos. Baixe tudo gratuitamente no ListProducer.com/Listful-ThinkingGuide.

CAPÍTULO 1
....

O que as listas são capazes de fazer por você?

O que Madonna, Martha Stewart, John Lennon, Ellen DeGeneres, Benjamin Franklin, Ronald Reagan, Leonardo da Vinci, Thomas Edison e Johnny Cash têm em comum? Cada um é, ou era, um criador de listas. Essas pessoas bem-sucedidas, assim como muitos CEOs e empresários de grande sucesso, usam lista para manter o controle de suas ideias, tarefas e de seus pensamentos.

Uma pesquisa recente do *site* de relacionamento profissional LinkedIn.com constatou que 63% de todos os profissionais com frequência criam listas de afazeres. É claro que se eles usam essas listas corretamente é outra história. Na verdade, esse mesmo estudo revelou que apenas 11% das pessoas que fazem listas afirmaram realizar tudo o que está escrito nelas em uma determinada semana. (http://blog.linkedin.com/wp-content/uploads/2012/05/todolistinforgraphic.png)

RECONQUISTE SUA VIDA

Tempo, essa é uma daquelas coisas que parece que nunca temos o suficiente. Todos nós estamos sempre tentando fazer muitas coisas simultaneamente em nossa vida profissional, doméstica e social. Encontrar horas suficientes no dia para fazer tudo que precisamos e ainda ter tempo para descansar pode se revelar uma tarefa hercúlea. Não é de admirar que muitos de nós estejam absolutamente estressados, sobrecarregados e exaustos.

De acordo com um estudo realizado pelo Instituto da Família e do Trabalho, uma organização sem fins lucrativos dos Estados Unidos da América (EUA) voltada para pesquisas, mais de 50% de todos os trabalhadores norte-americanos sentem-se oprimidos. As listas de afazeres são intermináveis. Um único dia de sua agenda pode parecer assim:

- ✓ Concluir um projeto no trabalho.
- ✓ Levar as crianças para a aula de dança.
- ✓ Limpar a garagem.
- ✓ Procurar um novo emprego.
- ✓ Planejar as férias.
- ✓ Encontrar os amigos para uns *drinks*.
- ✓ Etc.

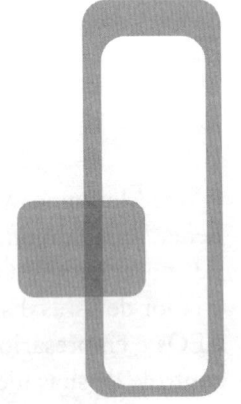

LISTOMANIA – ORGANIZANDO PENSAMENTOS

Muitas pessoas dizem que gostariam de poder ser mais bem-sucedidas, ter mais dinheiro, ser mais felizes e se sentir mais saudáveis, porém, elas parecem não conseguir atingir essas metas. Esses indivíduos culpam a má sorte, suas vidas ocupadas, seus recursos limitados e assim por diante. Todavia, essa situação complicada pode ser revertida com um simples pedaço de papel (ou até mesmo um aplicativo) – algo tão simples que qualquer um é capaz de fazê-lo ou criá-lo.

Alcançar mais sucesso em qualquer área de sua vida não tem nada a ver com um pensamento ilusório. Trata-se, isso sim, de **pensamento organizado**. Deixando de lado o jogo bonito de palavras, a organização de pensamentos funciona muito bem. Veja como. O poder de uma lista bem elaborada é imenso. Uma vez que você coloca um objetivo seu no papel, instantaneamente se torna responsável por alcançá-lo. Quer seja essa meta apanhar ovos no mercado ou escrever um livro, a intenção geral é a mesma, conseguir o que se quer da vida (e riscar esse item de sua lista de afazeres).

Se você faz parte dos 54% da população dos EUA (ou provavelmente da maioria de todos os habitantes do mundo) que sentem como se estivessem sempre correndo atrás do rabo, tenho algo bem interessante a lhes dizer: **isso não tem de ser assim**. Você ainda pode encontrar tempo para relaxar, ler um bom livro e fazer as coisas que ama. Se conseguir abraçar a filosofia da "**Organização de Pensamentos**", você pode retomará o controle de sua vida. Até porque, pensar em metas do tamanho de uma mordida é bem mais fácil que tentar engolir o lanche inteiro de uma só vez.

Gerenciar seus afazeres, planejar suas atividades, resolver seus problemas, e quase todas as tarefas com as quais se deparar, se tornará bem mais fácil com uma lista nas mãos. E, neste livro, eu mostrarei a você como:

✓ Escrever listas que irão ajudá-lo a produzir mais.
✓ Economizar tempo.
✓ Ser mais organizado.
✓ Ser mais produtivo.
✓ Economizar dinheiro.
✓ Reduzir o estresse.
✓ Ser mais bem-sucedido no trabalho e em casa.

OS BENEFÍCIOS DA CRIAÇÃO DE LISTAS

A criação de listas irá ajudá-lo não apenas a atingir seus objetivos, mas também a deixá-lo menos estressado, mais equilibrado e menos apressado. Isso já aconteceu com todos nós: depois de uma longa viagem você descobre que esqueceu sua escova de dentes em casa; ou vai até a loja para comprar calças pretas, mas compra tudo, menos o que mais precisava. Se você tivesse anotado "**calças pretas**" em sua lista você provavelmente não as teria esquecido. (Está bem, às vezes nós **ainda** esquecemos o item principal, mas o fato é que somos menos propensos a isso quando o colocamos no papel.) As listas atuam como apaziguadoras de estresse, realizadoras de objetivos e, inclusive, como salva-vidas. Elas pouparão seu tempo e também o seu dinheiro, porque, com elas, você estará preparado para qualquer situação.

Criadores de listas ou não, todos podem se beneficiar dessa ferramenta de baixa tecnologia. As listas irão transformar até mesmo o indivíduo mais desorganizado num pensador organizado. Tudo tem a ver com reflexão e preparação.

Você sabia?
Criadores de listas famosos

Madonna é conhecida por criar listas enquanto passeia em sua limusine, no intervalo entre os *shows* ou quando sai para cuidar de seus afazeres. Suas listas incluem tarefas a executar, coisas que precisa comprar, entrevistas a conceder, contatos a fazer etc., e, diga-se de passagem, elas vêm sendo leiloadas por milhares de dólares. (http://www.gottahaverockandroll.com/Madonna-1990-Handwritten-Notebook-With-Cards%2c-Clip--LOT6189.aspx#BiddingTag)

O PODER DAS LISTAS
●●●●●●●●●●●●●●●●●●●●●●●●●●●●

"Você se torna aquilo em que você acredita" tem sido meu mantra já há algum tempo graças a Oprah Winfrey. Eu era uma daquelas pessoas que assistiam ao seu *show* religiosamente. Quando tinha apenas 13 anos, era obcecada pelo *The Oprah Winfrey Show* e decidi escrever uma carta para minha heroína. Recebi uma resposta em papel timbrado oficial, juntamente com uma foto autografada. Confira o teor da carta e repare também no "corte de cabelo *vintage*".

Eu amo o que a carta diz: "O tempo não me permite responder a todas as suas perguntas." Nem consigo me lembrar de quantas perguntas fiz na qualidade de uma curiosíssima "jornalista mirim"!

Seja lá como for: **"Você se torna aquilo em que você acredita"** é uma das frases mais famosas de Oprah, embora tenha sito emprestada de Maya Angelou. Mas isso não importa, pois ainda é minha lição de vida favorita, além de um fato: se você realmente acreditar em algo, você se torna capaz de se transformar nesse algo!

Listomania

OPRAH
THE OPRAH WINFREY SHOW

Dez de maio de 1993

Paula Rizzo
958 Pond Road
Bohemia, NY 11716

Querida Paula,

Obrigada por se importar em me escrever. Apesar do tempo não me permitir responder a todas as suas perguntas, por favor, saiba que apreciei ler sua carta e espero que esteja estudando bastante. Mantenha suas notas altas. As melhores notas são a chave do sucesso.

Novamente, obrigada por escrever e assistir The Oprah Winfrey Show.

Lembranças,

Oprah Winfrey

Oprah Winfrey

OW/mm

Oito das minhas citações favoritas de Oprah

Oprah Winfrey ensinou-me bastante sobre dar, ser boa ouvinte e lutar para alcançar meus objetivos. Ela tornou-se parte de minha vida desde que comecei a assistir seu show, quando eu era bem jovem e, desde então, transformou-se cada vez mais num modelo a ser seguido.

1. "Você se torna aquilo em que acredita."
2. "Quando as pessoas te mostram quem são, acredite nelas logo da primeira vez."
3. "Transforme suas cicatrizes em sabedoria."
4. "Você sabe que está no caminho do sucesso quando perceber que faria o seu trabalho mesmo sem ser pago por ele."
5. "Acredito que tudo aconteça por uma razão, mesmo quando não somos espertos o suficiente para percebê-la."
6. "Mantenha-se rodeada(o) por pessoas que irão elevá-la(o)."
7. "Quando você entende melhor as coisas, faz tudo melhor."
8. "Não acredito em fracasso. Se você apreciou a jornada (o processo), não fracassou."

Uma vez que você defina a intenção de fazer algo, torna-se bem mais fácil seguir adiante. Você se transforma em alguém:

✓ Responsável.

✓ Motivado.

✓ Com frequência, mais consciente de sua intenção.

O ato de escrever algo é poderoso. Na verdade, o doutor Gail Matthews, professor na Universidade Dominicana da Califórnia, descobriu que anotar as metas aumenta em **33% a probabilidade de o indivíduo alcançá-las.**
Esta regra aplica-se tanto a coisas simples como comprar leite, até a tarefas mais complicadas como, por exemplo, encontrar um novo emprego ou ter uma conversa difícil com um ente querido. Ter uma lista faz de você uma versão melhor, mais organizada e determinada de si mesmo. Outro detalhe importante é que os benefícios são os mesmos, independentemente de qual seja a tarefa. Aqui estão alguns dos benefícios que você poderá esperar com a **criação de listas.**

1º) Diminuirá sua ansiedade. Quantas vezes você repetiu: "Eu tenho coisas demais para fazer. Como é que darei conta de tudo?" Uma lista o ajudará a aliviar esses temores. Assim que você começar a escrever as coisas no papel (ou em seu *smartphone*), e, dessa maneira, a tirá-las de sua cabeça, seus níveis de estresse irão diminuir.
Além disso, nós somos esquecidos por natureza. É verdade: a expectativa média de atenção de um adulto é de quinze a vinte minutos, então, somos propensos a deixar de realizar algumas tarefas. Mas não precisa ser assim. Quando você pensar em alguma coisa, anote-a em um lugar de destaque – no bloco de notas na porta da geladeira, num *post-it* em sua mesa, num *e-mail* para si mesmo, ou mesmo na agenda do seu telefone celular. Eu preciso anotar uma tarefa no exato momento em que ela me vem à cabeça, ou então, *puft!*, faço outra coisa e acabo esquecendo-a. Se você parar apenas por alguns segundos para anotar uma tarefa, acabará economizando muito tempo, e aborrecimentos, no futuro.

2º) **Aumentará sua capacidade cerebral.** O ato de criar uma lista usa partes do cérebro que normalmente não são acessadas. Então, enquanto organiza sua vida, você também estará aprimorando sua inteligência e se mantendo afiado. A Ph.D. e especialista em memória Cynthia Green foi convidada a publicar em meu *blog* a respeito do tema: "A criação de listas pode salvar nosso cérebro." Ela diz: "Ferramentas de memória, tais como a criação de listas, obrigam-nos a prestar mais atenção às informações que precisam ser lembradas, ao mesmo tempo em que dão maior significado a esses dados ao colocá-los em um esquema organizacional."

3º) **Melhorará sua concentração.** Utilizar sua lista como um roteiro permitirá a você manter o foco em seu objetivo. Ter uma ferramenta para aguçar sua atenção o ajudará em todos os aspectos de sua vida. Você irá perceber que logo estará produzindo muito mais durante o dia e que terá tempo para fazer as coisas que realmente ama.

Quando você leva uma vida agitada, a cada dia torna-se mais difícil manter-se focado. Alguma vez você já tentou escrever um *e-mail* para um cliente ou um amigo e então parou no meio porque outro *e-mail* surgiu na tela? Então, você parou de escrever a mensagem número um e começou a responder a número dois, mas daí o chefe te chamou na sala dele ou as crianças começaram a chorar, ou o entregador chegou e tocou a campainha... Ahhhhh... Caramba! Entende o que eu estou querendo dizer?

Uma lista torna mais fácil voltar ao que se estava fazendo quando foi interrompido. Se você precisava responder ao John, mas seu chefe telefonou e o interrompeu, anote em sua lista de coisas a fazer: "*e-mail* John." Você sabe tão bem quanto eu que, logo que desligar o telefone, outra coisa irá atrair sua atenção. Escrevê-la é muito simples. Pode até parecer bobagem, mas essa técnica é incrivelmente eficaz.

Dica de produtividade
Nunca mais atenda o telefone!

Distrações são as piores inimigas. Elas roubam seu tempo e fazem sua produtividade despencar. Eu tenho um pequeno truque para garantir que meu dia seja produtivo: **sempre, sempre, sempre agendar minhas conversas telefônicas.**

Nunca atendo o telefone, a menos que saiba quem é e que aquela conversa foi previamente agendada para aquele horário. Sei que pode parecer rude e até mesquinho, mas no momento em que você atende o telefone acaba se desorientando, certo? Você estava concentrado fazendo alguma coisa e, de repente, está falando com essa pessoa que talvez seja alguém com quem esteja trabalhando em um projeto. Pode até ser algo importante, mas que irá atrapalhar seu planejamento para aquele dia. Agora, em vez de dar andamento ao que estava agendado antes de o aparelho tocar, estará fazendo outras coisas que não pretendia. É por isso que eu sempre agendo os contatos telefônicos com as pessoas. Sempre! Portanto, se o telefone toca e não está marcado na minha agenda, simplesmente não atendo. **Ponto!**

Tente! Isso irá ajudá-lo a cumprir o que foi planejado para o seu dia – **eu prometo.**

4º) **Aumentará sua autoestima.** Uma das coisas que mais gosto de fazer é riscar algo em minha lista. Uma vez que o faça, você também experimentará uma incrível sensação de realização. Às vezes, eu até anoto coisas que fiz que não estavam na minha lista original só para poder riscá-las! Esse impulso de autoestima realmente ajuda a me manter motivada e produtiva. O conhecimento de que você é capaz de fazer as coisas também irá impulsioná-lo a fazer ainda mais. A doutora Green, a especialista em memória, observa como as listas nos ajudam a experimentar uma sensação de controle. Quando somos participantes ativos em nossas vidas, nos sentimos muito mais capacitados. Fazer mais também o ajudará a se sentir mais eficaz e capaz.

5º) **Organizará seus pensamentos.** Às vezes, quando estou diante de uma decisão difícil ou mesmo planejando algo como minhas férias, gosto de colocar todos os meus pensamentos no papel. Quando escrevo uma lista e penso em todas as etapas que irão me ajudar a realizar meu objetivo, sinto-me muito mais preparada para enfrentar o que virá pela frente. Se você ordena sua mente escrevendo listas, seus pensamentos poderão se tornar menos confusos em todas as áreas de sua vida.

6º) **Permitirá que você esteja preparado.** O lema oficial dos escoteiros é: "**Sempre alerta**" e contém uma mensagem muito importante. Embora eu jamais tenha sido uma bandeirante, nunca esqueço de levar comigo três itens: um lanche, um pedaço de papel e um lápis. Nunca se sabe o que poderá acontecer! O mesmo vale para todos os eventos na vida: temos de estar preparados! Se estivermos à procura de um apartamento ou de um emprego, precisamos de uma lista para manter nossas prioridades sob controle.

A DIFERENÇA ENTRE UMA LISTA E UM CHECKLIST (OU LISTA DE VERIFICAÇÃO)

Muitas vezes usamos os termos como sinônimos, mas listas e *checklists* (ou listas de verificação) são coisas diferentes. Uma lista pode ser de coisas a fazer, de prós e contras ou até mesmo de aspectos dos quais você gosta a respeito do seu cônjuge. Mas uma lista de verificação é algo diferente. Trata-se de uma fórmula para se obter alguma coisa ou chegar a algum lugar/resultado. Todos os tipos de erros podem ser evitados com uma simples lista de verificação.

Listomania

IMAGINE O SEGUINTE: UM ERRO EVITÁVEL

Meu primeiro emprego na TV foi na WLNY-TV 55, em Long Island (Fato casual: essa estação de TV foi também onde conheci meu marido). Uma determinada noite naquele local jamais sairá da minha memória, e tudo por causa de um erro estúpido e perfeitamente evitável.

Naquela noite, o âncora principal estava de férias, então, uma das repórteres o estaria substituindo no noticiário das 23 horas. Durante o dia nós éramos estagiários e roteiristas; à noite, nós gravávamos (sim, ainda havia fitas naquela época) e operávamos o teleponto e as câmeras! Naquela noite fatídica, o relógio marcava 23 horas e a luz vermelha da **câmera um** acendeu. Estávamos ao vivo.

A âncora substituta leu a abertura do *show* sem qualquer problema. Em seguida ela se virou para a câmera três, conforme o roteiro, para dar início à próxima história da noite. O problema é que não havia nenhum roteiro ali! **Epa!** O maior pesadelo de um âncora: não encontrar nada num teleponto. A âncora substituta vacilou e olhou para seus roteiros escritos em papel. Ela os espalhou, tentando fazer parecer que nada estivesse errado. Porém, era óbvio para ela, para os telespectadores e para todos os envolvidos na produção que algo tinha saído muito errado.

Naquela noite, durante a nossa reunião de avaliação – em que discutimos tudo o que saíra bem, o que funcionara mais ou menos e o que falhara terrivelmente no *show* –, a âncora substituta atirou o operador de câmara direto na fogueira. Não foi nada bonito. Acontece que um estagiário (não eu!) que estava na câmera três naquela noite simplesmente esqueceu de ligar o teleponto. Caramba, aquilo não acabou nada bem.

No dia seguinte, um anúncio foi feito pelo nosso diretor de notícias: "A partir de agora todos deverão preencher uma lista de verificação – um *checklist* – antes de operarem uma câmera de estúdio!" Como você pode imaginar, essa ideia foi recebida com troca de olhares e suspiros. Mas todos nós atendemos à ordem. Nos dois anos seguintes em que trabalhei lá, cada um de nós se acostumou a preencher o seguinte formulário antes de cada *show*:

- ✓ Ligar o teleponto.
- ✓ Ajustar a inclinação.
- ✓ Ajustar o enquadramento.
- ✓ Verificar o foco.
- ✓ Verificar o fone de ouvido.

Todas essas coisas são simples de fazer, mas também é muito fácil se distrair e esquecer de alguma delas. E, como todos nós vimos, isso pode ser um desastre.

O MANIFESTO AO *CHECKLIST*

Uma ajudinha extra por meio *checklists* é algo capaz de beneficiar as pessoas em todas as esferas de sua vida. Há anos elas vêm auxiliando pilotos de avião e médicos. Em *Checklist – Como Fazer as Coisas Benfeitas*, o cirurgião Atul Gawande, do hospital Brigham and Women´s, de Boston (EUA), observa que pilotos de companhias aéreas têm listas de verificação pré-voo, bem como listas de verificação para situações de crises, quando deparam com emergências durante o voo. Pode parecer desnecessário, uma vez que os pilotos são profissionais que sabem o que estão fazendo, todavia, é muito fácil esquecer passos simples quando se está sob pressão. Uma lista de verificação os ajuda a lembrar de coisas simples que podem passar despercebidas.

LIÇÃO BÁSICA DE VOO

Treze é o número mágico. Isso é mais ou menos o número de listas de verificação que os pilotos percorrem desde a hora que embarcam na cabine até chegarem ao seu destino. Isso é o que afirma Patrick Smith, piloto de linha aérea comercial há mais de vinte anos e autor do livro *Cockpit Confidential* (*Arquivo Confidencial de Cabine*). Ele disse que as listas de verificação atuais, e o modo como são chamadas, variam de companhia para companhia, mas todas dão orientações para cada etapa da viagem, desde antes da decolagem até o pouso final do avião. "Não consigo imaginar operar um voo sem uma única dessas listas. Quero dizer, de tanto que isso está enraizado nos profissionais, eu me sentiria nu sem utilizá-las", disse Smith.

Os pilotos são treinados para se lembrarem de algumas dessas tarefas, mas há momentos em que eles apelam para seu *Manual de Referência Rápida*, que está repleto de listas com situações improváveis. "É um livro enorme que contém literalmente centenas de *checklists* que são usados em situações anormais. Existe algo sobre todas as funções e, se houver algum tipo de emergência ou falha no sistema, você consulta o livro e ele o guiará pelas teorias do que provavelmente estiver acontecendo e recomendará os procedimentos mais adequados para cada situação", explicou Smith.

Bem, apesar de eu não ter a vida de pessoas em minhas mãos, também uso uma lista de verificação em cada tomada de campo de que participo. Como já mencionei, ensaio as entrevistas em minha mente e escrevo as perguntas que quero fazer vários dias antes de uma filmagem. Eu sempre começo todas as entrevistas que conduzo exatamente da mesma maneira: "Por favor, diga e soletre seu nome e sobrenome." No entanto, ainda escrevo uma nota que diz "nome / idade / ocupação" no topo da minha lista de perguntas. Não quero ter de **"lembrar de lembrar"** disso. Também anoto cada uma das imagens que quero obter enquanto estou em campo. Mesmo depois de já fazer isso há vários anos e de parecer uma tarefa muito simples, nunca deixo de fazer meu *checklist*, porque, se houver uma surpresa, não quero esquecer justamente das coisas mais banais.

> **"Pequeno não significa sem importância."**
>
> *– Patrick Smith, piloto de avião*

O que as listas são capazes de fazer por você?

Em razão dos benefícios que os pilotos e os trabalhadores da construção civil obtiveram com o uso de *checklists* em suas funções, o doutor Gawande tem trabalhado junto à Organização Mundial de Saúde (OMS) na implantação desse sistema em hospitais de todo o mundo. Sua equipe começou com uma lista de verificação de 19 pontos, em 2008. Seis meses depois, oito hospitais que vinham sendo estudados apresentaram uma queda de **36%** nas principais complicações pós-cirúrgicas.

Perguntei ao doutor Christopher Roseberry – cirurgião em New Hampshire especializado em procedimentos minimamente invasivos – sobre o uso de listas de verificação na sala de cirurgia. Ele respondeu meu *e-mail* da seguinte maneira: "Com uma simples lista de verificação, as ordens pré-operatórias tornaram-se mais fáceis, e nosso **índice de sucesso na implementação** das medidas PMTC (Projeto de Melhoria do Tratamento Cirúrgico), iniciado em 2003 pelos Centros de Controle de Doenças, aumentou em quase 100%. Na verdade, os pacientes discrepantes foram os que de alguma maneira entraram na sala de operação sem ter um conjunto de *checklists* impresso e incluído em sua ficha médica. A lista de verificação elimina a memória falível da equação."

Percebe? Os *checklists* funcionam de verdade!

LISTAS NÃO SERVEM APENAS PARA SE COMPRAR MANTIMENTOS

Depois de iniciar meu *blog* ListProducer.com, em abril de 2011, comecei a ouvir falar de listas sendo usadas de outras maneiras. Ou seja, não apenas na tomada de decisões, para se lembrar dos mantimentos ou dos afazeres. Elas também podem ser utilizadas visando a cura, a saúde, a realização e o enriquecimento pessoal.

Após o "11 de setembro", Janice Holly Booth, autora do livro *Only Pack What You Can Carry* (*Coloque na Mala apenas o que é Capaz de Carregar*), se olhou no espelho e não gostou da pessoa que viu. Como muitos de nós que assistiram ao pior ataque terrorista da história dos EUA se desdobrar bem diante de nossas telas de televisão, ela começou a reavaliar sua vida. "Eu sabia que era uma pessoa crítica. Eu não era detestável, mas gostava de julgar. E uma vez que você começa a criticar, isso o leva por esse caminho tortuoso", ela admitiu.

Na qualidade de CEO (*Chief Executive Officer*, ou seja, executivo principal) de um conselho bandeirante na Carolina do Norte, Janice aprendeu com seus colegas de trabalho e amigos que, embora fosse uma pessoa gentil, algumas vezes ela parecia muito dura, rígida, e indiferente. Janice diz que se sentiu como se estivesse ficando louca e se viu profundamente magoada ao perceber que não era como enxergava a si mesma. No entanto, ela estava determinada a fazer uma mudança em sua vida. Janice relatou: "Eu sabia que a ferida era profunda e que precisaria curá-la, mas não sabia como. O que sabia fazer era criar listas." Janice diz que aquilo salvou sua vida. Aquela, entretanto, não se tratava de uma lista de coisas a fazer, mas de coisas a mudar.

Este é apenas um dos muitos exemplos em que criar uma lista mudou a vida de alguém para melhor. As listas podem ser usadas como roteiros para fazer praticamente qualquer coisa.

A CRIAÇÃO DE LISTAS COMO TERAPIA

Existe um efeito terapêutico e relaxante no ato de escrever listas. Tirar o pensamento da nossa cabeça e anotá-lo em um lugar de destaque nos permite ficarmos menos estressados pelo fato de não precisarmos nos lembrar de algo. Se a informação está escrita em algum lugar ou armazenada em seu telefone, você não tem que se **"lembrar de lembrar"**.

Psicólogos e psiquiatras frequentemente sugerem que seus pacientes façam listas para evitar a ansiedade. O uso de listas para correlacionar os prós e contras de uma situação também é extremamente válido quando se precisa tomar uma decisão difícil. "É preciso trabalho mental para manter as coisas arquivadas, armazenadas e organizadas em seu cérebro. E acho que nós subestimamos o quanto o ato de pensar exige de nossa mente", salientou a psiquiatra e psicoterapeuta de Atlanta, Tracey Marks. Nós todos conhecemos a carga emocional e física que esse tipo de estresse mental pode exercer sobre nós, como a falta de sono, ombros tensos e mudança frequente de humor. Marks sugere que a criação de listas funcione **como "a abertura de um dreno para permitir que alguns acúmulos indesejáveis fluam para fora e se desfaçam."**

Manter o estresse equilibrado é fundamental para a manutenção de nossa saúde e do nosso bem-estar. "O organismo humano não pode conter elevados níveis de estresse ou manter prolongados períodos de estimulação. Ele simplesmente não é capaz", enfatizou Heidi Hanna, autora do livro *Stressaholic: 5 Steps to Transform Your Relationship with Stress* (*Viciados em Estresse: Cinco Passos para Transformar seu Relacionamento com o Estresse*). "Pressupõe-se que tudo deva ter um ritmo certo e, quando extrapolamos, essa prática pode se revelar mortal", destacou Heidi Hanna.

NÓS AMAMOS LISTAS

Como uma sociedade, somos todos fascinados por listas.

- ✓ Lista de *Os Dez Mais* do apresentador David Letterman[1].
- ✓ Lista de *best-sellers*.
- ✓ Lista de melhores filmes.
- ✓ Lista das celebridades mais ricas (Normalmente, a minha adorada Oprah aparece no topo).
- ✓ Lista de fatos aleatórios.
- ✓ Lista de itens para mudança.
- ✓ Lista de perguntas a fazer ao seu médico.

---

1 N.T (Nota do Tradutor) – Ele se aposentou em 20 de maio de 2015, após 33 anos de apresentação do seu programa.

Você sabia?

A lista de *Os Dez Mais* de David Letterman estreou em 1985 e foi: "As dez palavras que quase rimam com ervilhas".

Você cita um exemplo e nós damos a lista. Existem *sites* e *blogs* (como o meu, o ListProducer.com) dedicados a listas de todos os tipos. Além do seu formato prático e previsível, as listas servem a outro propósito importante. *Checklists* para qualquer tarefa irão manter o leitor focado, motivado, organizado e ainda garantir um bom resultado final. "Você sabe que somos pequenas criaturas de hábito. Fazemos o que for possível para tornar as coisas mais fáceis para nós mesmos. Acho que as pessoas com frequência enxergam a criação de listas como algo característico de indivíduos obcecados pelo controle da situação e cuja personalidade é do tipo Alfa, mas eu penso de modo diferente. Para mim essa prática significa liberdade", afirmou Tracy McCubbin, organizadora profissional e proprietária do dClutterfly.com.

CAPÍTULO 2

Nem todas as listas são criadas da mesma maneira

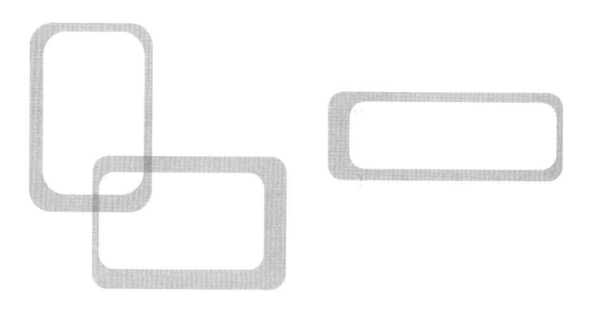

O objetivo mais simples de uma lista é ajudá-lo a se lembrar do que você precisa fazer ou do que precisa pegar no supermercado. Porém, o mais importante, ela deve servir como um roteiro a partir do qual você inicia suas ações. Percebi o quanto amo listas de afazeres pelo fato de elas me manterem no rumo certo, todavia, esses não são os únicos tipos de lista que temos de fazer.

O POSITIVO, O NEGATIVO E O INCONCLUSIVO: UMA LISTA DE PRÓS E CONTRAS

Na maioria das vezes, qualquer decisão que você tome na vida terá aspectos positivos e também negativos.

Listomania

✓ Comprar uma casa.
✓ Mudar de emprego.
✓ Ter um filho.
✓ Planejar uma lua de mel.

Todos os eventos listados anteriormente envolvem grandes considerações e devem ser analisados com bastante critério. Adote: a lista de prós e contras. Independentemente de parecer tola ou séria, essa lista servirá ao seu propósito. É melhor utilizada quando não existe uma resposta clara – sim ou não – para a sua pergunta. Particularmente, tendo a avaliar apenas duas questões de cada vez; caso contrário, posso acabar ainda mais confusa do que estava antes de iniciá-la.

"Quando você é forçado a elaborar uma lista de prós e contras, isso o obriga a pensar profundamente em todas as possibilidades – coisas que serão facilmente esquecidas se estiverem todas em sua cabeça", diz Tracey Marks. "É muito fácil resumir tudo a algo tão simples como: 'é um ótimo emprego porque poderei trabalhar em minha própria casa,' porém, você se esquece de pensar nos benefícios como seguro-saúde, entre outras coisas", alertou Tracey Marks.

Veja como, ao criar uma lista de prós e contras de maneira efetiva e eficiente, você irá reduzir seu estresse e, ao mesmo tempo, isso irá aproximá-lo de uma resposta.

1. Em papel ou digital? Eu sou do tipo "papel e lápis", mas também adoro usar aplicativos e tecnologia para a criação de listas. Descobri que se gosto do papel no qual estou escrevendo, então, sou mais propensa a me sentar e criar uma lista de **prós** e **contras**, mesmo para decisões bastante complexas. Entretanto, também criei várias delas a partir de uma divertida lista de prós e contras pré-concebida e comercializada pela KnockKnockStuff.com. Você também poderá usar papel comum e dobrá-lo ao meio para listar seus próprios prós e contras. Os resultados serão os mesmos. Idem no que se refere às listas digitais.

2. Comece a listar. Sempre que faço uma lista de prós e contras pela primeira vez e sobre um novo assunto, escrevo o que vem à mente – mesmo que pareça ser um detalhe insignificante, como, por exemplo, a cor do escritório de um trabalho em potencial é verde e essa é a sua cor favorita. Anote isso na coluna dos prós. Você poderá eliminar esse tipo de coisa mais tarde, mas, em princípio, liste todos os prós e contras que achar necessário.

Quando fizer essa parte do processo, pense como um jornalista. Na minha primeira aula de jornalismo, ainda no ensino médio, nos ensinaram **"as cinco perguntas-chave"**:

1. Quem?
2. O quê?
3. Onde?
4. Quando?
5. Por quê?

Pense nesses detalhes quando começar sua lista. Você precisa ser objetivo e olhar para os fatos em primeiro lugar. Tente não injetar muitas opiniões enquanto cria essa lista. É só colocar tudo no papel. Você poderá priorizar e ordenar cada um dos itens mais tarde.

3. Faça a revisão. Uma vez que você tenha escrito todos os seus pensamentos, atribua valor a eles. Você se incomoda com o fato de que o apartamento que esteja vendo para comprar se localize em uma rua de mão dupla? Se assim o for, esse item irá para a lista de contras. Volte aos pensamentos que você listou anteriormente e exclua aqueles que não são importantes ou que não irão afetar sua decisão. Se o escritório verde não está afetando seu processo mental de maneira alguma, então, elimine esse dado. Utilize esse processo para tornar sua lista útil. Além disso, consolide pontos semelhantes para que você não acabe com uma longa lista que em vez de ajudá-lo possa até mesmo sobrecarregá-lo.

4. Descanse. Depois de ter criado a lista final, coloque-a de lado e descanse seu cérebro. Pode ser difícil pensar corretamente se você continuar olhando para a mesma coisa por um longo tempo. Volte à sua lista apenas no dia seguinte. Nessa ocasião você será capaz de olhar para os prós e contras sob uma ótica totalmente diferente.

5. Avalie suas opções. O fato de você ter cinco itens na coluna dos prós e apenas três na coluna dos contras não significa que os prós venceram. Pense em todas as opções de maneira crítica e imagine como seria sua vida se tivesse de lidar diariamente com cada uma delas. Faça alguma pesquisa, se precisar, ou até mesmo algumas perguntas. Lembre-se de que o que pode parecer um grande negócio para alguém, pode não ser para você. Seja realista e fiel a si mesmo.

Se você estiver enfrentando problemas, tente o *site* Proconlists.com. Nele você poderá digitar todos os prós e contras que estão confundindo seus pensamentos e, em seguida, atribuir um valor a eles, dependendo do peso mais racional ou emocional de um determinado item. Um algoritmo no próprio *site* calcula o que você deverá fazer depois de ter carregado todos os seus itens. Não acho que você deva necessariamente usar esse processo como fator decisivo, mas este poderá se revelar um bom exercício no sentido de avaliar cada item com um pouco mais de cuidado.

6. Converse. Se você está tendo dificuldades em decidir o que fazer, fale com um amigo, com seu cônjuge ou até mesmo com um colega de trabalho. Duas mentes pensam melhor que uma. Essa pessoa poderá até mesmo apontar vantagens e desvantagens que você ainda não tenha considerado.

A ARTE DAS LISTAS DE BAGAGEM

Existem duas razões essenciais para se fazer uma lista de itens de bagagem antes de cada viagem:

1. Você inevitavelmente irá esquecer-se de algo que precisará se não tiver uma lista.
2. Você, em contrapartida, economizará dinheiro se tiver uma lista.

E essas são duas razões muito boas. Chegar a uma ilha tropical remota sem o seu traje de banho é uma grande chateação. Claro que é bem provável que haja no *resort* uma loja de presentes em que você poderá comprar um maiô ou biquíni lindíssimo e por um preço astronômico. Mas quem optaria por fazê-lo? Afinal, seria um desperdício do dinheiro e de tempo.

Aliás, falando em dinheiro, não são apenas as compras de urgência que impactam o bolso do viajante. De acordo com o departamento de Estatísticas de Transporte dos EUA, somente no ano de 2012, as maiores companhias aéreas norte-americanas faturaram US$ 3,5 bilhões apenas com taxas de bagagem. Sim, bilhões com B maiúsculo. Todos esses US$ 25 cobrados em taxa de bagagem se somam rapidamente chegando a esse total. Vamos dizer que você e sua família – três pessoas, em média – saiam em férias pelo menos uma vez por ano. Isso representa US$ 25 multiplicado por três, o que equivale a US$ 75. Neste caso, você já terá gasto US$ 75 antes mesmo de começar a se divertir em suas férias. O que você poderia fazer com esses US$ 75 extras? Quem sabe uma sessão de relaxamento, uma hora na manicure ou praticando tênis para iniciantes.

Mas o que isso tem a ver com sua lista de bagagem? Bem, estar organizado e preparado para qualquer tipo de viagem significa que você irá preparar suas malas com um número adequado de itens "só por precaução", levando o que realmente precisa – **nem mais nem menos**. Como resultado, as malas pesarão menos e você poupará seu dinheiro. Trata-se de um conceito simples, mas não tão fácil de aplicar. Admito que isso costuma exigir um pouco de planejamento e, inclusive, alguma disciplina de minha parte. Porém, uma vez que tentar, acredite, você será fisgado por essa mania. Aqui vai minha estratégia: faço uma nova lista de itens de bagagem para cada viagem. Algumas pessoas mantêm um modelo de lista com as coisas que usam com mais frequência, mas eu prefiro começar do zero e sempre personalizar a minha. Afinal, criar a lista do início já me ajuda a tornar o processo menos estressante.

1. Escreva o itinerário. Vamos dizer que você esteja indo para a praia e pretenda ficar lá de sexta até segunda-feira. Eu listo todos os dias em que ficarei no local, assim como todas as atividades que irei praticar para ter uma ideia clara do tipo de roupa que terei de levar:

Sexta-feira: viajar, jantar, dormir

Sábado: praia, jantar, dormir

Domingo: praia, passeio de barco, jantar, dormir

Segunda-feira: viajar

Mas não pense apenas nas roupas. É preciso considerar também os demais itens de que poderá precisar. Se planejar visitar um museu, por exemplo, você não vai querer esquecer sua câmera ou um par de sapatos confortáveis.

2. Crie categorias. Agora que você já tem uma ideia do que estará fazendo a cada dia, identifique categorias para cada um dos itens que precisará. Eu divido minha lista de bagagem por seções:

- ✓ Artigos de higiene pessoal.
- ✓ Roupas e calçados.
- ✓ Joias e bijuterias.
- ✓ Eletrônicos.
- ✓ Livros.
- ✓ Documentos.
- ✓ Itens de última hora.

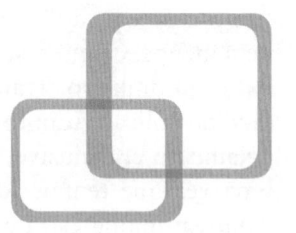

Uma lista categorizada facilita a avaliação e escolha de itens. É fácil sentir-se sobrecarregado quando você assume a tarefa de reunir tudo o que compõe uma lista cujo título é **bagagem**. Porém, ela se torna bem menos assustadora quando é subdividida em sublistas menores.

3. Recapitule sua rotina diária. Eu repasso minha rotina mentalmente para ter certeza de não deixar nada para trás quando vou viajar, como pasta de dentes ou desodorante. Isso também irá ajudá-lo a não chegar ao seu destino sem a sua escova de cabelo e os seus óculos!

4. Verifique o clima no local. A previsão do tempo nem sempre é 100% precisa, mas pelo menos ela me dá uma noção do tipo de coisas que eu poderia precisar, como um chapéu, protetor solar, ou talvez um guarda-chuva. Outra boa dica é se apoiar em tecnologia para informá-lo sobre a condição climática na região.

Dica de produtividade

Estou adorando o aplicativo *Dark Sky*. Ele rastreia sua localização e lhe avisa quando está para chover. Você então recebe uma mensagem curta e fácil de compreender, avisando sobre uma precipitação à sua frente, digamos, dentro de 15 minutos, que irá durar aproximadamente 6 minutos. É, ele é exato assim mesmo. (Você encontrará mais aplicativos que tornam sua vida mais fácil no Capítulo 8.)

5. Selecione sua vestimenta. Descobri que escolher os trajes realmente necessários, em vez de simplesmente atirar na mala uma pilha aleatória de roupas evita que eu exagere na quantidade. Vá até seu armário e retire as combinações que deseja usar, incluindo sapatos e joias/bijuterias adequados. Eu sempre levo uma *pashmina* na minha bagagem de mão, porque pode ser usada como uma echarpe e também como cobertor no avião.

Tracy McCubbin, a organizadora profissional e proprietária do dClutterfly que mencionei anteriormente, faz a mesma coisa antes de embarcar em qualquer viagem. "Tenho viajado tanto nos últimos dois anos que estava tipo 'tenho que aprender a lidar com isso de uma vez, pois a ansiedade antes de viajar é muito ruim.' Então, agora eu faço uma lista das combinações... Eu as coloco na mala e pronto. Para mim listar as roupas e acessórios foi crucial em minha vida", afirmou Tracy McCubbin.

6. Faça uma lista de itens de "última hora." Essa lista engloba tudo o que irei utilizar até a manhã antes de viajar e, portanto, somente poderei colocar na mala pouco antes de sair. Ela inclui também tarefas que precisam ser concluídas antes que eu me dirija até a porta.

Na minha infância quando saíamos em férias, que era geralmente para Lake George, em Nova York, meu pai listava todas as coisas que precisavam ser feitas antes de sairmos. A lista consistia em coisas como desligar o ar-condicionado, adiar o correio, regar as plantas etc. Ele fazia isso para que não tivesse que se "lembrar de lembrar" de algo. Com uma lista, está tudo ali, o que torna a execução das tarefas mais rápida e fácil. Foi uma boa lição para mim e provavelmente explica por que hoje sou uma **criadora compulsiva de listas**.

PRETENDE FAZER UMA VIAGEM MAIS LONGA?

Não se preocupe! Eu tenho uma solução. É possível viajar por duas semanas pela Europa (ou por qualquer outro lugar) levando apenas uma mala. Nicole Feldman, minha melhor amiga e colega graduada pela Universidade Hofstra, fez exatamente isso! É verdade. Ela é um gênio no quesito "preparar malas". Aqui estão algumas de suas regras básicas:

Nem todas as listas são criadas da mesma maneira

1. Enrole tudo.
2. Use os itens mais pesados no avião.
3. Compre uma mala leve de aproximadamente 56 cm, cujas rodas se movimentem em todas as direções. Esse é um grande investimento que, no final, fará você economizar muito tempo, dinheiro e ainda evitar muita dor de cabeça ao longo de sua jornada. Esse é também o maior tamanho de mala que pode ser armazenado no compartimento acima dos assentos dentro do avião, conforme as normas das companhias aéreas.
4. Use uma bolsa bonita, leve e espaçosa como bagagem de mão; ela poderá funcionar como uma bolsa de viagem para ser usada durante seus passeios.
5. Embalagens a vácuo modelo SpaceBag® são indispensáveis. Elas estão disponíveis em várias lojas de utensílios domésticos, no mundo inteiro, e funcionam assim: Depois de preenchê-las com as roupas, você coloca a embalagem sobre a cama e retira de dentro dela todo o ar. Para isso, basta esticá-la de uma extremidade à outra e forçar o ar para fora. Assim ela se torna menor. Duas embalagens extras também podem ser guardadas no bolso frontal de sua mala e posteriormente utilizadas para trazer roupas sujas de volta para casa.

Nicole Feldman compartilha sua lista completa no meu *blog*, ListProducer.com. Dê uma olhada. Trata-se de uma referência útil para qualquer tipo de viagem.

HORA DA MUDANÇA

A mesma atenção deve ser dada quando você estiver se mudando. Não importa quanta ajuda você receba dos amigos, da família, ou de uma empresa especializada, mudar-se é sempre estressante. E, neste caso, mais uma vez as listas serão suas melhores amigas!

1. **"Livre-se do que for desnecessário".** Mudar-se é o momento perfeito para reavaliar se você precisa mesmo daquele terceiro conjunto de lençóis que você nunca usa. Liste todas as coisas das quais gostaria de se livrar ou doar.

2. **Empacote tudo.** Embalar as coisas para uma mudança é muito fácil. Em geral, a ideia é levar tudo o que está ali, certo? Neste caso, ajuda numerar cada caixa e relacioná-la ao cômodo ao qual ela estará relacionada. Em seguida, faça uma lista numerada com cada item que será colocado dentro dessa caixa. Desse modo, quando você chegar à sua nova casa, mesmo que esteja se sentindo exausta, saberá rapidamente onde cada coisa está localizada e somente o que precisará ser desempacotado em sua primeira noite. Esse também é um grande truque se preferir manter alguns itens armazenados por mais tempo.

3. **Substituições.** Uma das partes mais divertidas da mudança é substituir coisas que você decidiu deixar para trás e/ou reformar outras. Faça essa lista antes de deixar seu espaço antigo; dessa maneira você terá um quadro definido dos novos itens antes mesmo de chegar ao novo endereço. Lembre-se, entretanto, de que algumas coisas – como móveis, por exemplo – precisarão ser planejadas com antecedência.

4. **Conhecendo novos lugares.** Essa é outra grande vantagem de se mudar. Um novo bairro significa novos restaurantes, novas lojas e novas opções de entretenimento. Crie uma lista de tudo o que deseja verificar ou pesquisar depois que se mudar. Pedir aos novos vizinhos uma lista de recomendações também é uma ótima maneira de fazer novos amigos.

LISTAS DE PESQUISA

A ideia por trás de uma lista de pesquisa é de que você possa solucionar cada detalhe de praticamente qualquer problema que precise resolver ou qualquer coisa que tenha de planejar:

- ✓ Lugares onde possa cortar o cabelo em seu novo bairro.
- ✓ Encontrar uma faxineira.
- ✓ Aprender a se alimentar melhor.
- ✓ Encontrar um novo lar.
- ✓ Planejar um casamento.
- ✓ Fazer uma viagem.
- ✓ Definir novas maneiras de ganhar mais dinheiro.

Comece fazendo uma lista de todas as coisas que você espera realizar ou dos temas sobre os quais espera aprender mais. Costumo usar esse tipo de lista para planejar uma viagem ou um grande evento. Tudo pode ser dividido em listas para ajudá-lo a organizar seus pensamentos.

Dica de produtividade

Se você não for um pesquisador por natureza, poderá terceirizar essa tarefa. A terceirização é uma maneira incrível de economizar tempo e de se concentrar nas coisas que realmente deseja fazer. Para fontes de terceirização, consulte o Capítulo 7.

CATÁLOGO DE LISTAS

Quando eu disse que fazia listas para tudo eu realmente não estava brincando.

- ✓ Livros para ler.
- ✓ Restaurantes a experimentar.

- ✓ Tipos de rímel que eu gosto.
- ✓ Roupas que preciso comprar.
- ✓ Séries de TV que quero acompanhar.
- ✓ Presentes que gostaria que as pessoas comprassem para mim (é sério, isso é uma das coisas).
- ✓ *Sites* que quero visitar.

Gosto de chamar a isso de **catálogo de listas**. Tratam-se de listas de itens gerais, não de tarefas.

O que você faz quando alguém comenta sobre um livro que você irá adorar? Se você for como eu, certamente desejará se lembrar do título, mas, logo em seguida, vai se distrair, e *puf*! Lá se foi o nome. Não é realmente culpa de ninguém. Quando não exercitada, nossa memória se enfraquece. Costumo culpar a tecnologia. Claro, alguns números de telefone podem estar entranhados em nossa memória, mas por causa da bendita tecnologia, nós paramos de usar essa parte do cérebro. O fato é que nos últimos sete anos, não tenho sido capaz de lembrar meu próprio número de telefone celular do trabalho. **Eu nunca o memorizei, porque apenas não preciso.** Eu admito: soa bastante ridículo quando deixo mensagens pedindo às pessoas para me chamar de volta no "Uh, hum, esse número é... deixe-me pegá-lo aqui para você... Oh! Aqui está." Se eu tivesse de lembrá-lo eu o faria, mas o fato é que não preciso, então...

Assim, o catálogo de listas nos ajuda quando precisamos manter o controle de informações semelhantes. Onde você o mantém fica por sua conta. Porém, se não souber nem onde guardou o catálogo, então, acredite, estará prestando um desserviço a si mesmo.

Confio no meu *smartphone* e em vários aplicativos para criar todos os meus catálogos de listas. Vou falar mais sobre quais aplicativos considero mais úteis no Capítulo 8, "Tornemo-nos digitais."

Nem todas as listas são criadas da mesma maneira

LISTA DE COISAS PARA FAZER NA VIDA

Esse é um dos meus tipos favoritos de lista, simplesmente pelo fato de ser algo bastante pessoal. Se você ainda não é um criador de listas, comece com uma **lista de coisas para fazer na vida**. Essa lista em particular, relaciona tudo que deseja realizar antes de "passar dessa para a melhor".

Você sabia?

De acordo com o Slate.com, o termo "passar dessa para a melhor" tem sido usado desde, pelo menos, 1785. A lista das coisas que se deve fazer antes de morrer, no entanto, foi adicionada recentemente ao nosso vernáculo. A expressão se tornou bastante popular em 2007 por causa do filme *Antes de Partir*, estrelado por Jack Nicholson e Morgan Freeman, no qual dois pacientes terminais caem na estrada juntos para riscar os itens de suas listas de coisas para experimentar antes de morrer.
http://www.slate.com/blogs/browbeat/2011/11/09/bucket_list_what_s_the_origin_of_the_term_.html

Você se conhece melhor do que qualquer pessoa, por isso essa é uma lista divertida de fazer. Você quer aprender a falar francês, se apresentar na Broadway, andar de teleférico em São Francisco, ou capturar um coala na Austrália? Qualquer sonho, seja ele grande ou pequeno, deve constar dessa lista.

Eu gosto de escrever minha lista pessoal em uma agenda, mas você pode fazer qualquer coisa que funcione melhor para você. MyLifeList.org é um ótimo lugar para manter sua lista e ainda dar uma olhada nas listas alheias. Esse *site* cria uma comunidade em torno do alcance desses objetivos. Você pode encontrar pessoas que tenham objetivos semelhantes e descobrir o que elas estão fazendo para transformá-los em realidade.

O valor de uma **lista de coisas para fazer antes de morrer** é imenso. Sim, é ótimo sonhar, mas acredito que uma vez que isso seja colocado por escrito, você defina uma intenção capaz de mover as coisas nessa direção – seja de modo consciente ou inconsciente.

AGENDA PARA O ANO-NOVO

Conversei com a criadora de listas, empresária, viajante e autora Melanie Young sobre seu ritual anual de criar uma agenda (diário) para o novo ano. Nela são incluídos todos os lugares para os quais Melanie quer viajar e tudo o que deseja fazer naquele próximo ano.

O aniversário de Melanie é no dia 1º de janeiro. Depois de um péssimo encontro em uma véspera de Ano-Novo, ela resolveu que jamais teria um aniversário ruim novamente. A partir de então, ela decidiu que iria viajar no seu grande dia. "Para cada data de celebração há duas listas. A primeira resume tudo o que aconteceu no ano anterior: os altos e baixos; a segunda relaciona as resoluções para o novo ano e tudo o que quero que aconteça: entre doze e quinze resoluções. Tenho feito isso desde 1988", explicou Melanie.

As listas de Melanie já a levaram em viagens por cidades e países maravilhosos, como Bangcoc, Ho Chi Minh, Machu Picchu, Rio de Janeiro, Belize, Honduras, Espanha, França e Havaí – para citar apenas alguns lugares maravilhosos. Ela mantém esses diários alinhados em uma prateleira e acredita que eles possam um dia se transformar numa autobiografia.

PEÇA, ACREDITE, RECEBA

Eu amo os princípios apresentados no livro *O Segredo*, de Rhonda Byrne. Na verdade, eles simplesmente me garantem todos os dias um lugar no metrô lotado de Nova York – e se você já esteve em Nova York, sabe que esse é um pequeno milagre. Mas eu também aplico os princípios dessa obra a coisas maiores, como, por exemplo, à oportunidade de assistir ao *The Oprah Winfrey Show!*

Acho que acreditar que um dia eu conseguiria pegar os ingressos e também me visualizar na plateia também ajudaram. Meu marido acha que isso é tudo bobagem, mas já provei que ele estava errado.

Mas, afinal, qual é O Segredo? A ideia por trás de O Segredo é que se você coloca algo para fora no universo, é provável que irá recebê-lo de volta, se realmente acreditar naquilo, é claro. Desde que eu era uma criança, e, portanto, antes que o livro O Segredo fosse lançado, minha mãe sempre me dizia: "Ponha seus pensamentos para fora. Você nunca sabe o que irá acontecer."

É como nas ocasiões em que você fala para todos que conhece sobre o seu desejo de arranjar um novo emprego, e, um dia, alguém chega até você com uma boa oportunidade. Claro, pode ser mera coincidência, mas eu acredito que colocar sua intenção para fora o ajude.

VISUALIZE SEUS OBJETIVOS

Não tenho aptidão para artes e trabalhos manuais, mas no início de cada ano eu crio um cartaz de visualização de objetivos. Esse é o meu único projeto de arte para o ano todo, e é muito divertido. Meu único passatempo é ler revistas, e digamos que ele venha a calhar para essa tarefa. Eu recorto páginas de imagens e palavras que signifiquem algo para mim, e então colo tudo numa cartolina.

O QUE É UM CARTAZ DE VISUALIZAÇÃO DE OBJETIVOS?

Trata-se de um lugar para todas as coisas que você gostaria de realizar; todos os lugares que gostaria de ir; todas as coisas que apreciaria experimentar. Se usar essa ferramenta como ponto de partida para seus objetivos, estará mais propenso a alcançá-los. Eu o uso como um lembrete de minhas metas, como, por exemplo, ter um apartamento de três dormitórios ou ir para Veneza. Também coloco fotos de pessoas que admiro, coisas simples que gosto, como beber chá, e outras ambições, incluindo escrever este livro. É fundamental poder visualizar seus objetivos, mesmo que apenas no papel. Isso tudo nos remete de volta à crença de que: "**Você se transforma naquilo em que você acredita.**"

NÃO EXISTEM REGRAS

Seu **cartaz de visualização de objetivos** pode incluir fotos, desenhos ou palavras inspiradoras. Se você for super-habilidoso, poderá usar tecidos e outras texturas também. Não existe maneira certa de fazê-lo. As fotos poderão ser de lugares onde você já esteve ou que deseja conhecer; de roupas que gosta, de coisas que gostaria de comprar, de projetos de cozinhas que deseja implantar, ou de qualquer outra coisa que lhe faça sorrir.

Você pode ser literal ou criativo em suas escolhas. Eu incluo fotos de champanhe, porque é uma das minhas bebidas favoritas, mas também porque simboliza celebrações. Eu gosto de ter um monte de coisas para comemorar. Nessa linha de pensamento, meu cartaz de visualização inclui uma foto de alguém preenchendo cartões de agradecimento, não porque eu particularmente goste de escrevê-los, mas porque eu desejo de ter um monte de razões para agradecer.

De maneira proposital, sempre deixo algum espaço em branco no meu cartaz de visualização para que ele possa evoluir ao longo do ano. Sempre que vejo uma foto que me chama a atenção ou penso em alguma coisa que desejo alcançar, eu a adiciono. Mantenho meu cartaz pendurado no lado de dentro da porta do meu armário. Dessa maneira, me asseguro de vê-lo todas as manhãs quando vou me vestir. Você pode fazer seu cartaz à mão, do jeito que fiz, ou pode fazê-lo digitalmente no computador. Aqui estão alguns lugares onde você pode manter seu cartaz de visualização:

1. Na sua mesa em um quadro emoldurado.
2. Pendurado num quadro de cortiça.
3. Como plano de fundo da tela do seu computador.

4. Em um livro que você carrega consigo.
5. No seu telefone, por meio de um aplicativo como o *Vision Board Deluxe*, da Happy Tapper.
6. No Pinterest.com.
7. No DreamitAlive.com.

Acho que essa seria uma atividade divertida para se fazer com os amigos ou até mesmo com crianças. Elas podem fazer seus próprios cartazes de visualização com atividades e lugares que pretendem ir ao longo do ano. Você ficará surpreso com a influência que esses cartazes poderão exercer sobre elas. Quem sabe você até transforme isso numa tradição: verificar o cartaz do ano passado na véspera de Ano-Novo para ver o quanto todos realizaram no ano passado. Em seguida, faça um novo cartaz no 1º dia do ano novo. Porém, você não tem de fazer isso obrigatoriamente no início do ano; na verdade é possível cria-lo a qualquer momento!

Lembre-se, porém, que apenas possuir um cartaz de visualização de objetivos não é o suficiente. Temos de trabalhar ativamente no sentido de alcançar nossas metas.

LISTA DE GRATIDÃO

Às vezes eu entro em pânico – embora na maioria das vezes seja uma pessoa positiva, às vezes eu fico deprimida. Acontece com a maioria de nós. Meu remédio para esses momentos é uma boa lista de gratidão.

Uma lista de gratidão relaciona tudo pelo qual você se sente agradecido, e pode incluir qualquer coisa pela qual você se considere abençoado:

✓ Está na época das mangas.
✓ Meu programa favorito é hoje à noite.

Listomania

- ✓ O suflê que eu fiz deu certo.
- ✓ Minha melhor amiga se mudou para o meu bairro.
- ✓ Não me queimei preparando a pizza.
- ✓ Fui promovida no trabalho.
- ✓ Meu marido me trouxe um presente bonito sem um motivo especial.
- ✓ Tenho de viajar para a Nova Zelândia.

A ideia é colocar nessa lista qualquer coisa que lhe faça sorrir, pareça ela boba ou séria – apenas anote-a. Essa lista poderá mudar seu estado de espírito, fazendo-o se lembrar do que realmente importa em sua vida. Acho que foi Oprah quem disse que as pessoas ficam muito envolvidas em suas tarefas diárias e não disponibilizam os poucos minutos que deveriam para refletir sobre o que existe de realmente bom na vida.

Minha mãe tenta encontrar o lado positivo em qualquer situação, então, acho que foi com ela que adquiri essa perspectiva. Alguns psicólogos sugerem fazer uma lista de agradecimento todos os dias para que os benefícios sejam realmente visíveis. "Tenho o hábito de todas as noites listar as coisas pelas quais sou grata. Esse é meu hábito de gratidão pessoal... Estudos científicos têm de fato demonstrado que a **gratidão** aumenta seu **grau de felicidade**", destaca Alexis Sclamberg, autora de livros de autoajuda e cofundadora da Elevate Gen Y.

Além de fazer você sorrir enquanto explora todas as coisas que ama na vida, essa prática pode apresentar alguns benefícios também a longo prazo. "Ter de desenterrar ou descobrir essas coisas que você não estava realmente apreciando faz com que você se sinta mais generoso e agradecido, e, assim, é capaz de aumentar sua confiança ou seu senso de autoestima", diz a psicoterapeuta Tracey Marks.

Todos nós queremos ser mais felizes, certo? Então, por que não dar uma chance à **lista de gratidão**?

CAPÍTULO 3

Introdução à criação de listas – curso básico

Não importa se você escreve uma lista de afazeres, uma lista de supermercado ou uma lista de prós e contras – o simples ato de colocar seus pensamentos no papel fará bem à sua mente, ao seu corpo e à sua alma. Não estou brincando. Fazer uma lista diminuirá seu estresse, aumentará sua produtividade, o manterá organizado e focado, e lhe trará um sentimento de realização.

"Então, existirá aquela motivação do tipo: 'Estou resolvendo as coisas!' E você verá algum progresso sendo feito. Mesmo que sejam pequenas coisas... isso servirá de impulso para nos empurrar para a frente", diz Heidi Hanna, autora de *Stressaholic: 5 Steps to Transform You Relationship with Stress* (*Viciados em Estresse: Cinco Passos para Transformar seu Relacionamento com o Estresse*).

Investir algum tempo nessa tarefa simples oferece ao indivíduo grandes retornos. Ao criticar nossos trabalhos escritos, minha amada professora de jornalismo, Cathy Krein, sempre nos dizia a mesma coisa: "**Mantenha a coisa simples, estúpida!**" Ela dizia isso de maneira carinhosa, e acho que essa declaração pode ser aplicada a tudo em nossa vida, incluindo às listas.

COMO CRIAR A LISTA DE AFAZERES DEFINITIVA

É fácil ficar sobrecarregado com sua lista e acabar deixando-a de lado. Mas vou ensinar-lhe como fazer a lista de afazeres definitiva e, mais importante, como cumpri-la. E posso fazer isso de um jeito bem simples: **com outra lista.**

1. Apenas escreva. É fácil esquecer das coisas que não estão bem na sua frente, por isso, anote todas as tarefas que você precisa fazer assim que pensar sobre elas. Não importa se a lista não estiver em nenhuma ordem particular agora; apenas anote.

2. Organize sua lista. Depois de anotar a maioria das coisas que você tem a fazer, organize essa lista. Divida-a em categorias: trabalho; casa; crianças; diversão etc. Cada área de sua vida deve ter sua própria lista. Sem categorias definidas, sua lista irá sobrecarregá-lo, e, neste caso, você irá ignorá-la.

Na maioria das vezes, eu mantenho listas separadas para coisas distintas. Assim, a lista de trabalho está na gaveta da minha escrivaninha no escritório; a lista de casa está na gaveta da minha mesa em casa. Eu sempre sei onde essas listas estão e quais os tipos de coisas que vou encontrar nelas. Isso ajuda a compartimentar minha mente. Dessa maneira, quando olho para os itens da minha lista, estou pronta para enfrentar os tipos de tarefas diante dos meus olhos. Você ficaria surpreso com o quão útil isso pode se revelar.

"Isso mantém as coisas em perspectiva e impede que o indivíduo fique sobrecarregado com um número exagerado de afazeres", ressaltou Tracey Marks. Ela também sugere segmentar seu dia em espaços em que você inicia e interrompe tarefas nas quais você tende a se perder, como, por exemplo, a verificação do seu *e-mail*.

Aderir a esse tipo de plano pode melhorar seu nível de atenção e concentração, tornando-a mais eficiente e produtiva.

3. Priorize. Depois de ter separado suas listas, verifique os itens em cada uma delas e os ordene conforme prazo ou grau de importância. Isso o ajudará a manter o foco e a se concentrar apenas no que precisa ser feito agora. Embora possa haver outras tarefas que sejam mais fáceis de realizar, elas podem não ser tão cruciais nesse primeiro momento. Resista à tentação de pular para essas tarefas apenas por elas serem mais fáceis; fazê-las antes do tempo só irá atrasá-lo.

4. Reescreva. Agora que você já organizou suas listas por categoria e determinou o que é mais importante, reescreva sua lista. Ao fazer uma lista limpa, mais fácil de ler, você estará mais propenso a olhar para ela e também a executar as coisas que constam ali. Sou conhecida por escrever e reescrever listas sem parar. Encontre um sistema que funciona para você. Não gosto de aglomerações nas minhas listas, portanto, se uma delas se torna confusa – com todas as minhas anotações e meus rabiscos espalhados – eu simplesmente a refaço.

5. Repita. A fim de realizar as tarefas, faça tantas listas quantas forem necessárias. Eu faço uma lista todos os dias e, depois, vou adicionando coisas no decorrer do dia. No dia seguinte, acrescento o que não alcancei no dia anterior, e assim por diante.

TORNE-SE UM CRIADOR DE LISTAS MAIS EFICIENTE

Sim, há uma maneira correta e outra incorreta de criar listas. Apenas colocar as coisas no papel não é o suficiente. Ter uma listagem de afazeres pode fazer você pior, ou seja, ansioso e sobrecarregado, quando o propósito de uma lista é justamente o oposto: **que você se sinta melhor e mais tranquilo**.

"Descobri que quando listo tudo, isso provoca em mim uma paralisia. O motivo é simples: eu jamais conseguiria fazer tudo o que está relacionado no papel", diz Margaret Moore, coautora do livro *Organize Your Mind Organize Your Life* (*Organize sua Mente, Organize sua Vida*). Ela sugere trabalhar em "doses ideais". Estas serão diferentes de pessoa para pessoa, porque só individualmente somos capazes de saber de que maneira trabalhamos melhor. "Você tem de encontrar essa dose correta, onde consegue se sentir ao mesmo tempo organizado e no comando da situação, em vez de perdido e sobrecarregado. É uma questão de tentativa e erro pessoal, até que encontre um meio termo", explicou ela.

Seja onde for que você decida escrever sua lista, existe sempre a questão de realmente realizar as coisas que você estabeleceu para si mesmo. Uma vez que tenha colocado as tarefas no papel, veja aqui algumas maneiras fáceis de levá-las a cabo.

1ª) Avalie sua lista.
Priorize. Já escrevi sobre isso anteriormente, e este pode ser o fator mais importante na gestão de uma lista de afazeres. A verdade é que talvez todos os itens relacionados numa mesma folha de papel não pertençam ali, apesar de tudo. O que de fato precisa ser feito agora? E o que pode ser deixado para depois?

Seja realista. Essa é sempre uma questão complicada. Você conhece a si mesmo; sabe o que é capaz de fazer. Porém, às vezes é difícil ser honesto e realista quando se trata de uma lista de afazeres. Eu entendo. Você quer riscar tudo agora! Mas a capacidade de avaliar o que faz sentido realizar primeiro é muito valiosa, e irá ajudá-lo tremendamente. Se você sabe de antemão que limpar seu armário é um trabalho que levará duas horas, mas você tem uma consulta médica em trinta minutos, então esta não é a melhor tarefa para iniciar neste momento.

Mantenha o foco. Criar uma lista incisiva e específica irá ajudá-lo a agilizar todos seus afazeres. Em vez de escrever "organizar a garagem", concentre-se nas etapas de suas tarefas. Anotar os passos da "organização" o ajudará a realizá-la. Anote em sua lista tarefas específicas, tais como

✓ **Livrar-se** das decorações extras de festas antigas.
✓ **Organizar** todas as ferramentas num só lugar.
✓ **Guardar** toda a bagunça espalhada na vaga do carro.

O uso de palavras de ação também o ajudará a mantê-lo no alvo. Em vez de escrever "ir à mercearia", anote "comprar alface, tomate e abacate". Esse é um direcionamento mais claro que irá ajudá-lo a agilizar suas compras e fazer com que saia do mercado mais rápido.

2ª) Consolide sua lista.
Pequenas vitórias. Às vezes é melhor reduzir o tamanho. Inserir algumas tarefas mais fáceis em sua lista pode fazer você se sentir melhor, porque, desse modo, verá que é capaz de fazê-las de maneira mais rápida e se sentirá mais estimulado. Eu sei que disse anteriormente que você não deve se dedicar apenas às tarefas mais fáceis primeiro. Todavia, em certas ocasiões, completar tarefas mais simples irá ajudá-lo no quesito "motivação". Faça o que tiver de fazer para sempre dar continuidade àquilo que começar.

Faça listas diferentes. Manter tudo o que você sempre quis realizar em cada área de sua vida em uma única lista é um grande erro. Faça uma lista diferente para cada projeto em que trabalhar para que não se sinta sobrecarregado ou acabe confundindo as tarefas.

3ª) Delegue tarefas de sua lista.
Terceirize sua lista. Uma mulher muito esperta e inteligente, Leah Busque – CEO da TaskRabbit – me disse certa vez que só porque você é capaz de fazer alguma coisa não significa que deva fazê-la. Na qualidade de "ex-maníaca por controle", acredito totalmente nessas palavras. (Bem, eu ainda sou uma espécie de controladora excêntrica, mas não tanto quanto no passado.) Ser capaz de dele-

gar tarefas, em vez de tomá-las todas para si mesmo, é algo que irá mudar sua vida. (Nós examinaremos isso mais a fundo no Capítulo 7, "A terceirização da sua vida o libertará.")

Apenas diga não. Uau! Imagine as coisas que você poderia fazer se delegasse os projetos que realmente não deseja fazer? Sim, essa única palavra, **"não"**, será capaz de lhe devolver a sua vida. É fácil concordar em fazer uma pausa para o café ou em assistir aquele filme pelo qual sua amiga está obcecada há semanas, mas é importante não transformar o **"sim"** em sua resposta padrão. Lembre-se de que seu tempo é valioso. Então, tudo bem se você não se apresentar como voluntária para aquela viagem da escola ou não assumir outro projeto no trabalho.

Não se comprometa com alguma coisa a menos que seja algo em que você queira de fato investir seu tempo. Desse modo, você poderá garantir mais tempo livre em sua agenda e se manter mais produtivo. Isso é mais fácil de dizer do que fazer, entretanto, uma vez que começar a colocá-lo em prática se tornará bem mais produtivo.

Eu digo não muitas vezes, mas tive de aprendê-lo na prática. Por exemplo, sempre tiro as quartas-feiras depois do trabalho só para mim. Meu marido geralmente trabalha até mais tarde nessas noites, então, marco jantares com as amigas, manicure e pedicuro, ou qualquer outra atividade divertida. Frequentemente uso esse tempo só para mim. Às vezes, quando as pessoas nos pedem para fazer alguma coisa e nós temos nossos próprios planos, sentimo-nos inclinados a cancelá-los porque pensamos: **Ah, eu não estou mesmo fazendo nada de tão importante.** Parei de pensar dessa maneira e estou muito feliz por isso. Agora eu valorizo minha necessidade de recuperar o atraso em algumas leituras, ou de simplesmente relaxar e assistir a um episódio de alguma série interessante, ou apenas trabalhar no meu *blog*. A razão pela qual eu não cancelo esses planos é porque eles me alimentam. Eles me fazem feliz, porque eu realmente quero fazê-los. Eles são tão importantes quanto sair com as amigas ou qualquer uma das outras atividades sociais que eu possa ter.

Então, vem a questão do trabalho. Epa! Às vezes é realmente difícil dizer não no ambiente profissional. Muitas vezes não temos escolha a não ser dizer sim. Quando isso acontece, olho para o que mais tenho na minha lista de afazeres e compenso alguma coisa. Por exemplo, peço a alguém para me ajudar a terminar uma das tarefas ou a transfiro a outro membro da equipe. **Saber quando transferir e/ou terceirizar tarefas salvará sua vida.** (Examinaremos isso mais a fundo também no Capítulo 7, "A terceirização da sua vida o libertará.")
Veja a seguir algumas boas maneiras de dizer **"não"**:

✓ "Não poderei executar esse projeto (ou comparecer a esse evento), mas X seria perfeito para fazê-lo." (As pessoas adoram quando recebem soluções; além do mais, você sentirá que fez a sua parte encontrando um substituto.)

✓ "Por favor, volte a falar comigo em X semanas. Minha agenda estará vazia então e adoraria ajudar." (Mas seja realista em relação às lacunas em seu calendário e certifique-se de dar tempo suficiente a si mesmo.)

✓ "Normalmente, eu diria que sim agora mesmo, mas estou tentando reavaliar quantos compromissos consigo assumir ao mesmo tempo e, nesse momento, minha agenda está lotada. Infelizmente terei de recusar." (Você ficará surpreso com o quão bem as pessoas responderão à sua honestidade e transparência.)

4ª) Estabeleça prazos.
Como produtora de TV, conheço essa etapa muito bem. E realmente funciona. Estabelecer um prazo ajuda a reduzir a quantidade de tarefas inacabadas. Se fizer seu cérebro acreditar que precisa criar seu cardápio de Ano-Novo já no início de dezembro, então você o fará. Por essa razão, sempre começo minhas compras para as celebrações da virada na primeira semana de dezembro. Se eu o fizer, com certeza não me sentirei como um peru assado vestido de branco na hora da festa.

Essa abordagem também funciona para listas de afazeres simples. Costumo inserir números que se referem a períodos de tempo para os itens que constam da minha lista. Por exemplo, se eu sei que irá levar 15 minutos a pé para chegar até a lavanderia, então anoto 15' ao lado e digo a mim mesma que isso precisa ser feito antes das 14 horas. Desse modo eu ajusto isso à minha agenda e garanto que seja feito dentro do prazo.

A técnica Pomodoro

Existe uma abordagem de gerenciamento de tempo chamada técnica Pomodoro, que pode ser bem útil. Francesco Cirillo a desenvolveu nos anos 1980 e seu nome é derivado de um cronômetro de cozinha em forma de tomate. A ideia é dividir as tarefas na forma de *pomodori* (tomates, em italiano), ou seja, como intervalos de 25 minutos. Depois de atingir a marca dos primeiros 25 minutos você pode fazer uma pausa.

Gosto dessa ideia porque 25 minutos são muito mais manejáveis do que uma hora cheia. Às vezes dizemos: "Vou dedicar uma hora a essa tarefa." Entretanto, pense quanto tempo você realmente perde se distraindo durante essa hora. Com a técnica Pomodoro você se concentra durante um período mais curto e, assim, torna-se mais propenso a alcançar o sucesso.

Eu utilizo uma técnica similar: olho para o relógio e negocio comigo mesma. Por exemplo, digamos que no mostrador apareça 12 horas e 36 minutos e eu realmente precise procurar um presente de aniversário para minha mãe. Eu digo a mim mesma: "Posso me concentrar nessa tarefa até as 13 horas e então terei de fazer outra coisa." Então, nesse período de tempo específico eu foco apenas nessa tarefa. Eu sei que ela vai acabar e que existe um prazo, então, me torno mais propensa a executá-la.

5ª) Recompense a si mesmo

Ah! Esse é sem dúvida o meu passo favorito. O suborno contribui muito quando se trata de uma lista de afazeres. Presentear-se com algo que faça com que olhe e caminhe para frente fará com que a execução das tarefas se torne ainda mais atraente. Eu faço acordos comigo mesma constantemente – por exemplo, se eu terminar de escrever esse roteiro até tal hora, então, posso passar dez minutos no Facebook. Pequenas recompensas contribuem muito. Você ficará surpreso com o quão ansioso ficará para executar todos os afazeres de sua lista.

6ª) Lembre-se.
Nós não somos capazes de nos lembrar de todas as coisas que precisamos fazer. É impossível. Então, vá com calma e crie lembretes. É fácil se esquecer da sua lista de afazeres e nunca verificar as tarefas agendadas. Mas se definir lembretes, você irá se lembrar de olhar para a lista. Eu faço isso várias vezes ao longo do dia, enviando mensagens a mim mesma por *e-mail* sobre coisas que preciso lembrar de fazer. Além da minha lista escrita à mão, esses lembretes digitais me ajudam a executar tudo no prazo.

ONDE COLOCÁ-LAS? ONDE COLOCÁ-LAS? ONDE COLOCÁ-LAS?

Onde colocar essas listas? Onde quer que você realmente pretenda utilizá-las. O fato é que o lugar onde mantiver suas listas é tão importante quanto o motivo pelo qual você as criar.

COISAS BOAS VÊM EM EMBALAGENS PEQUENAS

Para algumas pessoas, manter uma lista do tamanho de um *post- -it* é a resposta. Com um número limitado de horas durante o dia, não há tanta coisa que possa ser realizada. Portanto, faz sentido pensar assim.

✓ Tracy McCubbin, a organizadora profissional e proprietária da dClutterfly que mencionei anteriormente, usa *post-its* juntamente com uma lista mais longa que ela carrega consigo para que possa cobrir todas as suas bases. "Eu tenho o que chamo de minha lista principal, que está em um caderno, e mantenho *post-its* grudados na capa; eles estão preenchidos com ações que poderão ser realizadas nos próximos dias. Dessa maneira, agrego as coisas que precisam ser feitas com mais urgência", ela explica.

É muito mais fácil conseguir fazer **três coisas** do que fazer **trinta**. Isso é apenas matemática simples! O método de Tracy pode ser usado para: aumentar a produtividade no trabalho, planejar eventos sociais, e até mesmo limitar gastos excessivos no supermercado. Não está convencido? Aqui está uma lista de razões para limitar sua lista de afazeres no espaço de um *post-it*:

1. O espaço limitado de um *post-it* (os quadrados são apenas de 8cm x 8cm) irá forçá-lo a priorizar. Você lista as tarefas mais importantes em primeiro lugar, para que não fique sem o **precioso espaço amarelo!**

2. Quando você tiver concluído todos os itens da sua pequena lista, seu dia estará terminado! Você poderá usar seu tempo livre para – ouso dizer – **relaxar!**

3. A vida está aí para ser vivida e, quando não restar nada no *post-it*, você ficará feliz ao perceber que "organizar sua gaveta de meias" e "inscrever-se no ListProducer.com" são as únicas tarefas que **sobraram em sua lista.**

4. Eles grudam! Dependendo das minhas tarefas para o dia, sou conhecida por grudar minhas listinhas no meu *laptop*, na parte de trás do meu celular, e até no espelho do banheiro. Às vezes, algo tão simples como manter sua lista de afazeres em um lugar onde possa **enxergá-la** faz com que sua produtividade aumente.

5. Um *post-it* totalmente preenchido o **impede** de adicionar tarefas ao longo do dia. Às vezes eu sinto como se nunca fosse completar

Introdução à criação de listas – curso básico

todos os itens da minha lista, apenas para perceber que essa mesma lista dobrou de tamanho ao longo do dia.

Você sabia?

Seis curiosidades que você provavelmente desconhecia sobre o *post-it:*

Eles estão em todos os lugares – quadrados de cores variadas, minúsculas bandeiras transparentes. Onde você estiver, provavelmente estará próximo de um *post-it*. As pessoas em todos os lugares dependem deles como lembretes, listas de afazeres e para se manterem organizadas. A qualquer momento eu posso ter montes deles grudados em minha mesa, em papéis soltos, em panfletos, em páginas de revistas e até mesmo no meu telefone!

Mas você já parou para pensar como esses pequenos quadrados grudentos surgiram? Veja esses fatos que você desconhecia sobre o *post-it*:

1. Os pequenos lembretes foram de fato criados em 1968, e por acidente.

2. Spencer Silver, um cientista da 3M, criou o adesivo reutilizável em 1968 enquanto tentava fazer um adesivo superforte.

3. O inventor da 3M, Arthur Fry, usou o adesivo em seu marcador de página dentro do seu cancioneiro na igreja. Ele desenvolveria a ideia posteriormente com as bençãos da 3M.

4. A cor amarelo-canário original também foi um acidente. Apenas era a cor do papel de rascunho usado para testar o adesivo.

5. Os *post-it* chegaram às lojas em 1980.

6. Os *post-it* amarelo-canário continuam os campeões de vendas, independente da variedade de cores disponíveis.

Listomania

PENSE GRANDE OU DESISTA
• •

Cadernos são, por opção, meu formato favorito para listas – na maioria das vezes. Gosto das linhas e do espaço extra para escrever tanto quanto quiser. Tenho uma série de cadernos grandes para diferentes projetos e tarefas. Por acaso, eu mantive um para escrever este livro. Utilizo um caderno roxo exclusivamente para anotar perguntas a serem feitas durante entrevistas, esboços de capítulos, e tarefas com prazos. No trabalho, tenho um bloco de rascunho espiral que é ligado na parte superior, porque sou canhota e, por vezes, esse arame que forma o espiral me incomoda.

Eu amo *post-its*, tanto quanto as formas digitais de organização, porém, às vezes os primeiros não são o melhor espaço para o amplo armazenamento de ideias. Além disso, embora sejam pequenos e colantes, eles ainda podem ser perdidos. (Discutiremos o que fazer se você costuma perder suas listas com frequência no Capítulo 8, onde compartilho minha paixão pelos dispositivos digitais). Todavia, mesmo sendo uma grande fã das ferramentas digitais de criação de listas, posso afirmar que há algo especial em escrever suas listas à mão. Acredito que, por algum motivo, somos mais capazes de nos conectar às listas manuscritas.

"Há uma diferença entre ter algo anotado num pedaço de papel que você pode tocar facilmente e num aplicativo no qual é preciso efetuar um *login* ou acionar via telefone. Ou seja, o uso de aplicativos representa a superação de várias etapas até que se chegue à informação necessária *versus* '*voilà*, aqui está ela!' – eu posso tocá-la, carregá-la; colocá-la em uma gaveta", ressalta Tracey Marks.

Minha caligrafia piorou progressivamente ao longo dos anos, porque digito e envio torpedos mais do que escrevo. Mas faço questão de escrever minhas listas de afazeres no trabalho a lápis em um caderno. A escritora Joanne Chen cita um estudo da Universidade de Indiana em um artigo intitulado "Escrever à mão tornou-se uma coisa do passado?", na edição de agosto de 2013, da revista *Martha Stewart's Living*. Utilizando um equipamento de ressonância magnética, pesquisadores testaram dois grupos de pré-escolares. Um grupo aprendeu suas letras e símbolos digitando-os, o outro grupo aprendeu escrevendo-os. As crianças que digitaram não conseguiam enxergar a diferença entre as letras e as formas, enquanto as crianças que escreveram à mão conseguiam. O que isso demonstra é que escrever as coisas à mão ajuda nosso cérebro a aprender e lembrar melhor do que se apenas digitarmos.

Acho que as senhas são um ótimo exemplo disso. Eu constantemente esqueço as minhas, o que é muito irritante. Pelo fato de eu estar sempre digitando-as sem pensar, elas acabam se perdendo no meu cérebro. Se eu as escrevesse fisicamente, tenho certeza de que me lembraria melhor de todas elas.

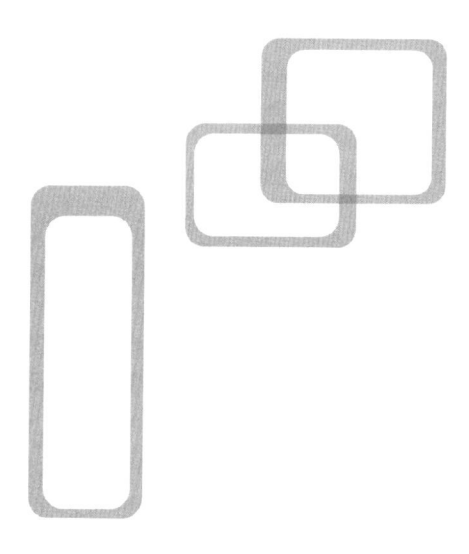

CAPÍTULO 4

Listas no trabalho levam ao sucesso – adote-as!

Um dos temas constantes relacionados a listas que tenho aprendido com a manutenção de um *blog* é que as pessoas bem-sucedidas as usam todos os dias. CEOs, gerentes e diretores em todas as áreas e esferas administrativas as utilizam. De fato, não importa o que você faz para ganhar dinheiro, uma lista sempre irá ajudá-lo a fazê-lo melhor.

ORGANIZE SEU DIA COM UMA LISTA

A coisa mais importante a lembrar quando se tornar um criador de listas, ou aprender a fazê-las melhor, é que tem de encontrar uma técnica que funcione mais adequadamente para você. Nem todas as soluções que forneço aqui irão lhe servir; você deve personalizar sua criação de listas de modo que elas o atendam conforme suas necessidades específicas.

Pessoalmente, uso minha lista de afazeres como uma espécie de "Centro de Comando Mestre", e durante todo o dia. Ela é cheia de tarefas, notas, lembretes e muito mais. Mas tudo é bastante segmentado, o que não me deixa confusa. Não se preocupe, pois irei explicar.

Recebi recentemente um *e-mail* de Josh, um rapaz que acompanha meu *blog* no ListProducer.com. Ele escreveu: "Eu realmente gosto de fazer listas e as acho úteis. No entanto, uma coisa na qual emperro é como configurar minha lista. Acho que sempre me atrapalho com essa etapa. Quero que minhas listas pareçam apresentáveis e não apenas rabiscos soltos aqui e ali. Como você configura a sua?"

Ótima pergunta! No trabalho, eu escrevo uma lista todas as noites antes de sair da minha mesa. Não importa o horário, tampouco se estou atrasada para um compromisso – eu sempre faço a minha lista. Às vezes eu começo a escrever essa lista durante o dia, conforme penso nas coisas. Mas eu sempre a escrevo no dia anterior, porque gosto de ir trabalhar e já começar com o pé direito pela manhã. Com minha lista, tenho um roteiro bem à minha frente que mostra exatamente como será o meu dia. Isso me ajuda a sentir-me menos estressada desde cedo e a começar a fazer o que precisa ser feito primeiro.

Nessa minha lista sempre detalho cada uma das coisas que precisará acontecer no dia seguinte, e ela é mantida no meu bloco de anotações. Cada dia tem sua própria página com uma lista de afazeres. Veja a seguir o processo:

1º) Escreva a **data no topo**. Isso ajuda quando você precisa consultar alguma informação específica mais tarde.

2º) **Detalhe** cada uma das coisas que precisará acontecer no dia seguinte, incluindo as que você faz todos os dias. Confie em mim: distrações acontecem, então, você pode necessitar desse lembrete extra. Além disso, é bem mais divertido ser capaz de riscar as coisas que você sabe que irão acontecer com certeza.

3º) **Priorize** conforme o prazo que tem. Gosto de escrever minha lista na ordem em que as coisas precisam acontecer. Eu escrevo, por exemplo, "11 h" à esquerda de uma minha anotação como um lembrete de um telefonema que agendei previamente para esse horário. Isso me ajuda a manter o foco naquela ligação específica ao longo do dia.

Ótimo! Agora que a sua própria lista está feita, está tudo pronto, certo? **Não.** Outras coisas irão surgir ao longo do caminho, e disso você pode ter certeza. Portanto, é fundamental que você seja flexível e adicione esses imprevistos à sua lista, conforme necessário. Veja minha técnica a seguir:

1º) **Adicione** as tarefas conforme necessário. Às vezes, depois de ter saído do trabalho, de repente me lembro de algo que deveria estar na minha lista de afazeres para o dia seguinte. Imediatamente eu programo um lembrete na minha agenda para o dia seguinte. Essa mensagem me lembrará de acrescentar essa tarefa à minha lista de afazeres do dia seguinte. Certifique-se de ajustar sua mensagem a um horário no qual você saiba que não está marcada uma reunião ou em que você mesma não estará disponível. Então, quando o compromisso surgir você será capaz de dar conta dele e seguir em frente naturalmente.

Além disso, ao longo do dia também surgirão tarefas inesperadas. Faça a mesma coisa: adicione-as conforme necessário. Mas perca um minuto para encaixá-la corretamente em sua lista de afazeres. Se ela não se encaixar de jeito nenhum, veja se consegue executá-la no dia seguinte, ou pedir a alguém que lide com isso em seu lugar. (Como já disse, discutiremos mais sobre terceirização de tarefas no Capítulo 7 deste livro.)

2º) **Lembre-se** sempre de onde está em sua lista. Entenda o que quero dizer com isso: sempre reservo um espaço no canto inferior esquerdo do meu bloco de notas para **"lembretes de lugar"**. Se sou interrompida, anoto rapidamente o que estava fazendo naquele instante para poder voltar à tarefa assim que possível. Este pequeno truque já me salvou diversas vezes.

3º) Faça uma **coluna separada** para **coisas pessoais**. Há uma linha no meio do meu bloco de notas. Uso o lado esquerdo para tarefas profissionais e uso o lado direito para questões pessoais. É muito difícil separar completamente todos os aspectos que envolvem o trabalho e a casa. Ao longo do dia, poderão haver recados, telefonemas ou lembretes sobre os quais precisaremos estar cientes mesmo enquanto estivermos no trabalho. Então, esse é justamente o lugar onde anotarei coisas do tipo: "passar no caixa eletrônico" ou "pegar as roupas na lavanderia".

4º) Deixe algum espaço para **anotações**. Eu anoto tudo: telefonemas, programas de TV, revistas, fofocas, etc. Uso o canto superior direito da minha lista para tomar notas curtas ao longo do dia. Elas podem ser sobre qualquer coisa, desde o número de telefone de alguém até o tamanho de um calçado.

ANATOMIA DE UMA LISTA DE AFAZERES

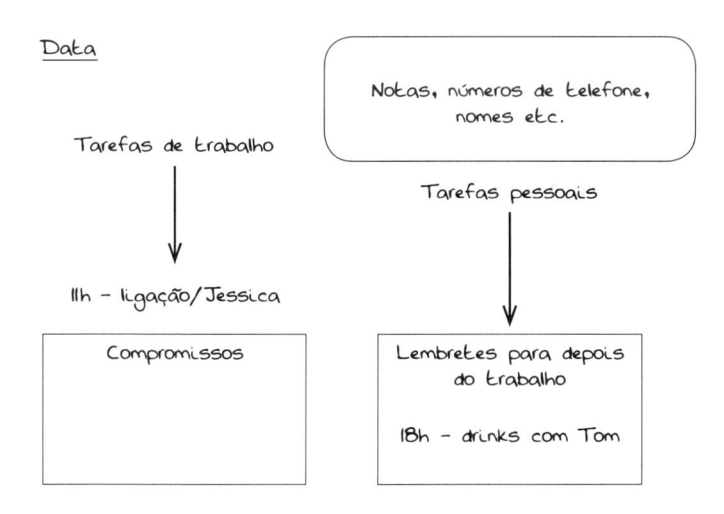

Data

Tarefas de trabalho

Notas, números de telefone, nomes etc.

Tarefas pessoais

11h – ligação/Jessica

Compromissos

Lembretes para depois do trabalho

18h – drinks com Tom

Também uso *post-its*, mas não para a minha lista de afazeres. Eu os utilizo quando estou trabalhando com outras pessoas e preciso dar-lhes instruções. Por exemplo, quando passo um projeto eu escrevo uma nota do tipo: "Isso é para segunda-feira" ou "Por favor, edição de texto." Quando quero que alguém faça algo eu anoto em um *post-it*. Também uso esse mecanismo de comunicação para listas de afazeres curtas e específicas.

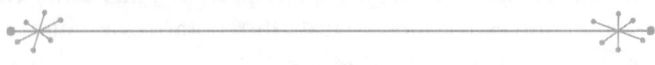

Dica de produtividade

Se existem duas ou três coisas que preciso lembrar de fazer depois do trabalho, eu as anoto em um *post-it* e o colo na parte de trás do meu celular. Alguns *designers* brilhantes realmente criaram *post-its* personalizados que se ajustam perfeitamente a um *iPhone*. Fabricados pela Paperback, eles simplificam muito a criação de listas em movimento. Você pode saber mais sobre eles em http://www.listproducer.com/2013/09/20/shortlisted-paperback/

Compreendo que minha fórmula para criar listas no trabalho pode não atender a todos. Mas vale a pena tentar. Leah Busque, que mencionei anteriormente – a CEO da TaskRabbit, um serviço que ajuda você a produzir mais – se utiliza de um sistema diferente. Ela cria suas listas na parte da manhã. "A primeira coisa que faço quando entro no escritório é sentar-me e desenvolver uma lista de coisas que preciso fazer naquele cada dia. Eu também desenvolvo uma lista de verificação antes de seguir para as reuniões junto à equipe de gestão. Isso visa garantir que abordemos todos os tópicos recentes e relevantes", explica ela em uma publicação em meu *blog*.

ORGANIZANDO REUNIÕES

Leah levantou uma boa questão. **Como você organiza suas reuniões?** Com listas, é claro! Vários estagiários me ajudam com meu *blog*, assim como me auxiliaram com este livro (consulte a página de agradecimentos desta obra e verá seus nomes em destaque). Eu sempre tenho uma lista quando converso com eles. Investir alguns minutos extras em pensar sobre sua intenção para cada reunião o ajudará a se concentrar nela. De quantas reuniões sem sentido você já participou, em que nada foi decidido ou realizado? Aconteceu comigo muitas vezes, e eu literalmente quero bater com a cabeça na parede, porque isso é totalmente evitável.

Eu gostaria de ter trabalhado para Joe Duran, sócio-fundador da United Capital, uma empresa de consultoria de crescimento constante. A razão pela qual considero que Joe conte com um ótimo ambiente de trabalho é que ele nunca vai a uma reunião sem um *checklist* nas mãos. Aliás, ele o mandará embora se perceber que não levou um consigo. **Eu acho isso o máximo!** "Minhas reuniões levam metade do tempo que costumavam levar, e eu diria que são, pelo menos, duas vezes mais eficazes. Então, segundo esse cálculo, a produtividade quadruplicou", diz ele.

Vamos ser claros: um *checklist* não é uma pauta. Trata-se na verdade de duas ferramentas bastante distintas. Os itens constantes de um *checklist* raramente mudam. Para a equipe de Joe, eles incluem itens como a atualização das pautas da reunião da semana anterior, revisão de estratégias do cliente e um ensaio dos próximos passos. Esses itens estão na lista todas as semanas, mesmo que não aja necessidade de falar sobre eles todas as vezes.

"Sem um *checklist* é quase impossível ter consistência. Ele garante que as pessoas façam as coisas da mesma maneira o tempo todo", explicou Duran. Ele implementou o sistema de *checklist* pela primeira vez por volta de 2010, depois de ler o livro *Checklist – Como Fazer as Coisas Benfeitas*, cujo título original é *The Checklist Manifesto*.

Ele ficou tão encantado com o conceito que fez com que todos em sua equipe lessem o livro. Joe me disse que no início houve um pouco de resistência quanto ao uso de *checklists*, mas agora sua equipe abraçou o processo e os utiliza com seu próprio pessoal. "As reuniões se tornaram muito mais rápidas e agora eles se preparam de antemão. E, francamente, o ato de preparar um *checklist* permite que eles se tornem executivos mais disciplinados também", salientou Duran.

UMA LISTA FEITA PARA DOIS

Trabalhar junto com outras pessoas já pode se revelar uma tarefa em si mesmo. Existem, entretanto, algumas ferramentas que podem ser implementadas no sentido de facilitar a vida de todos, para que cada integrante se sinta mais responsável, focado e produtivo. Reuniões e verificação do andamento de projetos nos ajudam a permanecer no rumo certo, todavia, é possível fazer muito mais. Aqui vão algumas ideias.

1ª) **Atribua responsabilidades.** É muito importante que esteja claro para todos quem está cuidando de quais tarefas. Isso precisa ser feito assim que um projeto tem início. Desse modo, sempre haverá um ponto focal a ser procurado e responsabilizado por quaisquer resultados, sejam eles positivos ou negativos.

2ª) **Use a tecnologia com sabedoria.** Existem alguns programas projetados para ajudar as equipes a trabalharem de maneira mais eficiente. Vale a pena testá-los para verificar se são realmente capazes de ajudar a sua equipe a se manter no caminho certo.

Evernote

O *Evernote* é uma ótima ferramenta para manter notas, ideias e listas, tudo num só lugar. Ele está disponível em várias plataformas, como o seu *smartphone* ou computador, no formato de nuvem, o que permite que você acesse as informações atualizadas onde quer que esteja.

Acho que posso dizer que estou obcecada pelo *Evernote*. Eu o uso juntamente com meus estagiários em meu *blog*. Temos pastas compartilhadas às quais todos nós, portanto, temos acesso. Sempre que temos uma ideia para uma publicação ou encontramos um artigo de que gostamos, nós os adicionamos ao *Evernote*. Também criamos listas de afazeres uns para os outros e podemos ver facilmente quais tarefas ainda precisam ser verificadas.

Crio uma agenda no *Evernote* antes de cada reunião semanal. Todos têm acesso a ela e podem adicionar itens se quiserem. Dessa maneira, tudo o que precisamos resolver, recebe a atenção devida. Também é bom porque nos permite retornar à agenda da semana anterior, para ver se ainda persiste alguma pendência a ser resolvida.

O *Evernote* também é um ótimo lugar para a escrita colaborativa. Às vezes eu tenho uma ideia para um *post*, tais como títulos de filmes que poderiam integrar listas, então, escrevo uma nota no *Evernote* com sugestões. Depois, peço aos meus estagiários para fazer alguma pesquisa para preencher os espaços em branco. Ao compartilhar notas no *Evernote*, certifique-se de atribuir a todos uma fonte de cor diferente para que você possa acompanhar quem está fazendo alterações e/ou sugestões.

O *Evernote* é um serviço gratuito, mas se você quiser adicionar uma conta empresarial, há um custo. Eu o utilizo tanto para fins pessoais (você encontrará mais informações sobre isso no Capítulo 5) quanto profissionais, então, no meu caso, ele se paga sozinho.

Google Docs

Eu demorei para adotar o *Google Docs*, mas ele é realmente útil. Você pode compartilhar planilhas e outros documentos com várias pessoas. Ele controla quem faz alterações e torna muito simples a inserção de notas e atualizações. Acho que é particularmente útil quando você está editando documentos e também debatendo ideias.

Asana

Existem vários serviços como o *Asana*, que permitem que equipes gerenciem seus projetos em conjunto. A especialista em tecnologia Carley Knobloch me contou sobre o *Asana* quando eu a apresentei no meu *blog*. Ela cria uma lista de afazeres e a exporta para o *Asana* e, depois, atribui as tarefas às pessoas conforme necessário.

O *Asana* é um painel de controle para gerenciamento de projetos. A ideia é fazer com que os colaboradores designados para participar do processo sejam capazes de compartilhar ideias de um jeito fácil. Quando alguém termina uma tarefa, essa pessoa a seleciona em uma lista para que todos da equipe saibam que ela já foi executada. Podem ser atribuídos prazos, bem como lembretes, para cada uma das tarefas. Essa é uma ótima maneira de se manter alerta as pessoas responsáveis pelo progresso, sem a necessidade de se adotar uma microgestão.

Há também um recurso que permite que os participantes enviem mensagens uns aos outros a respeito de tarefas específicas. Estas ficarão arquivadas para que qualquer pessoa possa acompanhar o desenvolvimento do processo. É uma ótima maneira de abandonar aquela troca infindável de *e-mails* e a inevitável busca para conseguir responder a alguma mensagem específica em uma data posterior. Você também pode fazer *upload* de arquivos para uma determinada tarefa e criar subtarefas.

Subtarefas são importantes se você estiver criando um *checklist*. Vamos dizer que você tenha um novo cliente ou funcionário, e, nessas ocasiões, sempre crie o mesmo conjunto de tarefas. Sua configuração inicial é sempre a mesma, e você tem um *checklist* de todas as coisas necessárias para "configurar" esse novo cliente ou funcionário. Você pode, então, "configurar" subtarefas e atribuí-las a diferentes pessoas de sua equipe para que cada uma possa lidar com uma parte específica.

Quando eu contrato um estagiário novo, sempre executo o mesmo conjunto de tarefas:

1. Criar um endereço de *e-mail*.
2. Atribuir tarefas e responsabilidades.
3. Criar uma conta no *Evernote*.
4. Etc.

Eu posso então exportar essa lista de tarefas para o *Asana* e atribuí-las a outras pessoas, se precisar. Tudo estará em um só lugar e, portanto, será muito fácil de encontrar. Ao mesmo tempo, saberei quando cada tarefa for concluída.

Você também poderá manter todas as informações de que precisa em um só lugar. Então, se um dia necessitar de senhas, nomes de usuário ou endereços de FTP para um cliente específico, este é um ótimo lugar para armazenar essas informações. Existem outros sistemas de gestão, tais como o *Basecamp* e o *17h*, mas, pessoalmente, utilizo na maioria das vezes o *Asana*.

3. Faça bom uso de soluções de baixa tecnologia. Na primeira redação em que trabalhei, nós utilizávamos um enorme quadro branco para manter o controle das histórias. A editora de atribuição listava as histórias para as quais os repórteres estavam sendo designados. Ela também incluía quem seria o operador de câmera, qual seria a locação e definia o prazo. Era uma maneira fácil de obter informações de maneira rápida. Este tipo de sistema também pode funcionar muito bem para você e sua equipe em projetos diários e de longo prazo.

Escrever as listas de afazeres à mão também é válido. Uma vez falei com Lindsey Carnett, CEO e presidente da Marketing Maven Relações Públicas, e ela me disse que cria listas de afazeres para cada um de seus funcionários: "Eu crio minha lista principal e, em seguida, faço com que os membros da minha equipe criem suas próprias relações de tarefas, o que os ajuda a organizar suas respectivas equipes e priorizar as atividades, certificando-se de que nada seja deixado de lado."

Você sabia?
O efeito Zeigarnick

Definição - Tendência psicológica de lembrar-se de uma tarefa incompleta ao invés de recordar-se de outra já executada. (Fonte: Merriam-Webster.com.)

Foi assim batizado em homenagem ao psicólogo da antiga União Soviética, Bluma Zeigarnick, que primeiramente desenvolveu a teoria, que sugere que somos compelidos a terminar o que começamos.

Listomania

ADMINISTRANDO PROJETOS POR MEIO DE LISTAS

Uma vez que tenha uma tarefa em sua lista de afazeres, você realmente precisa colocar esse objetivo em andamento. Sugiro então que faça outra lista. (Eu sei, eu sei... com esse meu conselho serei responsável pelo corte de milhões de árvores em todo o mundo. Mas lembre-se de que também podemos "entrar de vez na era digital", algo sobre o qual, como já disse, discutirei no Capítulo 8.) Vamos dizer que sua tarefa seja a de escrever um livro. Este é um trabalho muito longo (acredite em mim, agora eu tenho certeza disso) e que precisa ser dividido em etapas. Identifique cada uma das coisas que precisarão acontecer para que essa tarefa possa ser realizada. Por exemplo:

✓ Ter ideias.

✓ Perguntar às pessoas o que elas acham de suas ideias.

✓ Amadurecer essas ideias.

✓ Aprender a escrever uma proposta de livro.

✓ Escrever uma proposta de livro.

✓ Encontrar um agente literário.

✓ Conseguir uma editora.

✓ Escrever o livro.

Mesmo quando chegar à última etapa, você talvez ainda tenha de fazer outras sublistas. Ao escrever um livro, você precisa definir como e quando terá tempo para se sentar e realmente escrever. Percebe o que quero dizer? Nem todos as tarefas são simples. Algumas delas precisam de foco e atenção extra. Mas, na verdade, essa pode ser a chave para realmente se conseguir fazer alguma coisa. Muitas vezes as pessoas me dizem: "Eu nunca elimino nada da minha lista de afazeres!" Esse é justamente o problema: elas não estão dando andamento às suas listas. Se você fizer com que as coisas andem conforme estou sugerindo, tenho certeza de que será mais bem-sucedido.

Você sabia?
A CEO da Yahoo!, Marissa Mayer, é uma criadora de listas.

Ao Mashable.com ela contou que se organiza de acordo com uma lista de prioridades e que havia se inspirado numa colega da faculdade que costumava relacionar todas as tarefas por ordem de importância. O interessante, segundo ela, era que em vez de a colega ficar deprimida por causa das tarefas inacabadas, ela comemorava a existência da sua lista sem fim.

"Se eu terminasse (chegasse ao final da lista) seria uma verdadeira chateação", Mayer explica no artigo do Mashable, "porque imagine ter de lidar com todas aquelas pequenas coisas sem importância no final de sua lista e que não deveriam ocupar seu tempo, afinal." Ela prossegue falando que prefere não perder seu tempo precioso com tarefas secundárias. (http://mashable.com/2013/11/20/marissa-mayer-salesforce-conference/?utm_cid=mash-com-LI-link#)

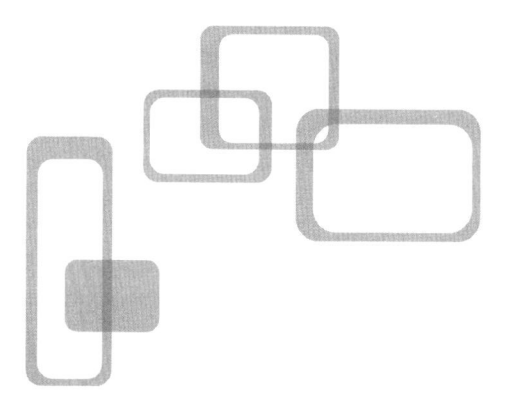

CAPÍTULO 5

Lista doce lista:
A vida doméstica torna-se mais fácil com o uso de listas

Equilibrar o lado pessoal da vida é uma luta diária. Considerando o agendamento de consultas médicas, a remodelação da cozinha, o gerenciamento das finanças, a retirada das roupas na lavanderia e o preparo do jantar, nossas vidas estão totalmente preenchidas. Um pouco de organização em nossos pensamentos é capaz de nos ajudar a administrar tudo isso bem melhor.

Primeiro, vamos falar sobre como organizar o seu dia. Para a maioria de nós, os fins de semana são o único momento disponível para realizar as tarefas relacionadas ao lar, uma vez que trabalhamos a semana toda. Ser capaz de usar o fim de semana ao máximo é, portanto, essencial. Você precisa ter um plano, senão esses dois dias irão terminar com uma lista cheia de tarefas incompletas.

Veja como eu gerencio minha lista de afazeres do lar. Devo dizer que sou bem menos rígida quanto à criação de listas domésticas quando comparadas às do trabalho. Mais uma vez, tenho um caderno central para todas as minhas listas. Em geral, é o caderno típico de um repórter – fino, pequeno e pautado, e que não sai de cima da minha mesa. É nele que anoto todas as coisas que preciso realizar no dia, na semana e no mês seguintes. Eu capturo todos esses compromissos no meu caderno.

Depois, se necessário, crio listas de tarefas separadas para cada dia. Eu costumo fazer isso no meu dia de folga para que eu consiga me ater à lista principal tanto quanto possível, vasculhando-a em busca de tudo o que precisa ser feito naquele dia. Se a roupa está na lavanderia há mais de uma semana, então isso se torna uma grande prioridade. Eu organizo essa lista de acordo com prazos. As coisas que precisam ser feitas primeiro ficam no topo; já as que não são tão importantes são relacionadas na sequência. Dessa maneira, o que eu não conseguir terminar naquele dia passa naturalmente para o topo da lista do dia seguinte.

Uma das partes mais importantes dessa tarefa é ser **realista**. O que você pode de fato realizar no tempo que tem disponível? Determinar quanto tempo uma tarefa realmente leva fará com que você economize seu tempo. Você sabe como as pessoas costumam dizer: "Estarei lá em cinco minutos", quando na verdade não chegarão antes de vinte. Seja realista quanto ao tempo e você será capaz de fazer mais.

Saber quando pisar nos freios em sua lista também é importante. Nem tudo pode ser feito em apenas um dia. A consultora de saúde e desempenho Heidi Hanna me disse que no momento em que percebeu que "nem tudo pode ser feito hoje", a vida dela mudou. "Minha lista de itens suficientes" me dá a oportunidade de saber logo pela manhã que, já na metade do dia quando aquela lista estiver completa, posso fazer algo relaxante, resolver um assunto particular ou fazer qualquer outra coisa, porque simplesmente terminei o que era suficiente para mim naquele dia", disse ela.

Listomania

UTILIZANDO LISTAS EM CONJUNTO

E quando você precisa recorrer a outras pessoas para ajudá-lo a fazer as coisas? Compartilhe a criação de listas. Isso pode ser tão simples quanto rasgar uma lista de afazeres ao meio e dar uma parte para outra pessoa executar. Mas você também pode ser um pouquinho mais sofisticado em sua partilha.

Eu já comentei sobre o uso da ferramenta de gerenciamento *Asana* (ver página 57) em tarefas de trabalho. Bem, ela também pode ser usada para gerenciar sua vida doméstica. Primeiro, certifique-se de que todos em sua "equipe" tenham acesso às mesmas informações. Isso fará com que todos sejam bem-sucedidos, não importa se estamos falando de pegar remédios na drogaria ou fazer perguntas no consultório do pediatra. Existem outros aplicativos que também poderão ajudá-lo a compartilhar suas listas com os outros e a obter melhores resultados no final. (Nós os analisaremos mais cuidadosamente no Capítulo 8.)

COMPRAS NO SUPERMERCADO

Se você for como eu, sua lista de compras terá sempre os mesmos itens. Semana após semana eu compro leite, café, frutas, legumes, bolachas, cereais, frios, pães etc. Toda semana, sem falta, esses mesmos alimentos estão na minha lista. Então, por que eu a reescrevo? Simples: para que eu não tenha que **"lembrar de lembrar"** deles. É óbvio. Se você vai fazer compras sem um plano, você definitivamente vai gastar mais tempo e mais dinheiro.

Eu sei que todos fazemos isso. Compramos um abacate porque parece bom e, em seguida, o deixamos no balcão da cozinha até estragar. Que desperdício! Ter uma lista o manterá no rumo certo enquanto percorre os corredores. Ela também o tornará mais eficiente em relação ao seu tempo, porque você estará focado, entrando e saindo da loja com mais rapidez.

Aqui estão algumas maneiras de fazer sua lista de supermercado trabalhar a seu favor.

Lista doce lista: A vida doméstica torna-se mais fácil com o uso de listas

1. **Faça uma lista ao longo de vários dias.** Durante a semana, eu e meu marido acrescentamos à nossa lista de supermercado os itens que estão faltando, bem como aqueles de que nos lembramos que precisamos. É bom fazer isso assim que você perceber que necessita de algo, assim você não se esquece.

2. **Deixe sua lista sempre no mesmo lugar.** Deixo minha lista de compras em uma gaveta na minha cozinha. Dessa maneira sempre sei onde encontrá-la quando preciso atualizá-la. Apesar de isso abrir caminho para que esqueça sua lista ao sair para o supermercado ou apenas não esteja perto dela ao se lembrar de um item necessário, já resolvi esse problema, mas isso será discutido no Capítulo 8, "Tornemo-nos digitais".

   Também descobri que se gosto do papel no qual estou escrevendo, sou mais propensa a usá-lo. Se, assim como eu, você ama artigos de papelaria, então, isso pode ser um outro fator de motivação para fazer sua lista de compras.

3. **Planeje as refeições antes de ir às compras.** Antes de caminharmos até o supermercado local (vivemos em Nova York, portanto, sempre vamos a pé), meu marido e eu falamos sobre as refeições que queremos fazer naquela semana. Então somente acrescentamos à lista os itens que precisaremos para esses pratos. Desse modo, reduzimos a caminhada sem propósito pelos corredores e o desperdício de dinheiro com comida que não iremos consumir. Além de essa tática reduzir o estresse no final do dia, quando chegamos em casa exaustos do trabalho e nem conseguimos pensar, ela torna o próprio preparo das refeições um tanto automático.

   Todavia, o planejamento das refeições não precisa ser uma tarefa dolorosa. Aliás, veja a seguir algumas maneiras de torna-la mais fácil:

✓ Faça uma lista de todos os alimentos e pratos que sua família gosta, para que você possa se orientar sempre que for necessário. Mantenha essa lista em algum lugar onde você possa encontrá-la facilmente!

- ✓ Reúna receitas ao longo do tempo e as mantenha no mesmo lugar. Guarde as receitas físicas que você recortar de revistas ou as imprima a partir de *sites*. Isso também funciona com receitas digitais: mantenha-as onde você possa encontrá-las rapidamente. (Eu uso o *Evernote*, sobre o qual voltarei a falar no Capítulo 8.)
- ✓ Use um serviço de planejamento de refeições. Sim, eles existem. *Sites* como o Emeals.com ou o TheFresh20.com vão realmente planejar seus cardápios e suas listas de compras por um preço, é claro. A princípio, isso pode parecer ridículo, mas pense em todo o tempo, esforço e em toda a energia que você poderá economizar. Só porque você **pode** fazer alguma coisa não significa que você **deva** fazê-la. (Falarei mais sobre isso no Capítulo 7, "A terceirização de sua vida o libertará").

4. Faça suas compras *on-line*. O FreshDirect.com é minha opção favorita durante a semana. Você pode navegar pelos seus "corredores" virtuais e fazer listas de todos os alimentos de que precisa. Eles ainda têm refeições prontas e até receitas. É um ótimo roteiro de compras, que ainda libera o tempo que você gastaria andando para cima e para baixo nos corredores de um supermercado, permitindo que faça algo muito mais produtivo nesse horário.

Eu também faço listas dos ingredientes comumente usados em meus pratos favoritos. Assim, por exemplo, eu sempre preparo hambúrgueres de peru. Em vez de pensar toda vez sobre os ingredientes que vão no prato, tenho uma lista pronta salva no FreshDirect.com. Dessa maneira, basta clicar uma vez e carrego todos os ingredientes de que preciso para essa receita.

Há uma taxa de entrega para o serviço, mas também existem descontos especiais para quem compra mais de uma vez por mês, então compensa. O FreshDirect.com só está disponível na área de Nova York, mas certamente existem outros serviços *on-line* em sua região que você poderá pesquisar na internet[2].

---

2   Sites similares: paodeacucar.com.br, varanda.com.br e etc.

MANTENHA SUAS FINANÇAS EM DIA
• •

Argh! Odeio números. Porém, embora eles realmente me deixem ansiosa, eu poderia falar por dias a fio sobre sua importância. Resumindo: organizar-se quanto ao dinheiro irá ajudá-lo a tomar decisões mais inteligentes e a ganhar mais. Se você ignorar as finanças e simplesmente esperar que as contas desapareçam, só estará prestando um desserviço a si mesmo. Basta perguntar a Suze Orman. **Conhecimento é poder!!!**

Você se lembra de Joe Duran, o sócio-fundador da empresa de assessoria United Capital, que mencionei no Capítulo 4? Ele nunca participa de uma reunião sem um *checklist*, certo? Ele também é o autor do *best-seller* do *New York Times* intitulado *The Money Code: Improve Your Entire Financial Life Right Now* (*O Código do Dinheiro: Aprimore sua Situação Financeira agora Mesmo.*)

Trata-se de um livro sobre como ajudar as pessoas a fazerem escolhas financeiras conscientes e é escrito em forma de parábolas. Portanto, é uma leitura bastante fácil, mesmo para pessoas que, como eu, odeiem números. Ele também inclui um *checklist*! Joe diz que o mais importante a considerar em relação às finanças pessoais é deixar as emoções de lado na tomada de decisões. Mais fácil dizer do que fazer, certo? Bem, uma lista que com certeza irá ajudá-lo.

"(Você precisa) encontrar uma maneira calma, racional e não ameaçadora para lidar com um desafio ou uma pergunta, antes que se torne uma questão urgente e importuna", diz Joe.

Joe e sua esposa compartilham o que eles chamam de **Reunião de Sábado de Manhã.** Sua esposa mantém uma lista de tudo o que é importante e que precisa ser discutido, como: a agenda social, o orçamento da família, situações relacionadas à educação dos filhos e outros compromissos do casal. Esse encontro os obriga a verificar a lista juntos uma vez por semana, e Joe afirma que isso evita que eles discutam desnecessariamente durante os dias úteis. Ambos sabem que todas as questões serão tratadas no sábado, independentemente do que aconteça.

Listomania

O DINHEIRO NO DIA A DIA

Sou totalmente a favor da redução do estresse e, neste sentido, o dinheiro pesa bastante. Ainda assim, um dos maiores erros que cometemos é ignorar completamente nossas finanças. "Não lidar com questões financeiras é o maior criador de ansiedade que existe. Então, você precisa enfrentar isso e colocar suas contas em dia", diz Emma Johnson, autora de artigos sobre negócios e finanças pessoais, além de blogueira do wealthysinglemommy.com.

Operações bancárias *on-line*. Se você ainda não adepto dessa prática sugiro que lhe dê uma chance. É uma ótima maneira de manter o controle de todas as suas contas, e em tempo real. Ser capaz de verificar se um cheque foi descontado é incrivelmente útil. Isso também permite que você seja sistemático quanto ao pagamento de contas. Assim que recebo uma conta, acesso o *site* do meu banco e agendo o pagamento. Dessa maneira, nunca tenho de me preocupar com pagamentos em atraso.

Emma Johnson sugere automatizar tantos pagamentos quanto possível. As despesas que raramente se alteram, como contas de água, luz, Internet, gás, prestações do automóvel, são um bom começo. Ela diz que isso irá reduzir a ansiedade, porque você não terá de se manter focado nas datas de vencimento. Isso será feito por você.

Gestão de dívidas. Se você tem dívidas, deve ter uma lista dessas despesas para manter o controle sobre elas. Fugir dessa informação não fará com que o débito simplesmente desapareça, portanto, é preciso manter-se organizado em relação a isso.

Controle de recibos. Conservar os recibos torna a gestão de despesas e a declaração do imposto de renda muito mais fácil. O segredo é concentrar essas informações em um só lugar, seja em seu telefone ou em uma pasta.

Emma Johnson ainda utiliza o sistema de recibos "da velha guarda". Ela usa uma pasta física para arquivar todos os documentos/recibos e notas fiscais relativos às suas despesas pessoais e profissionais. Você também pode optar por um dos vários aplicativos ou *sites* voltados para essa função. Mais uma vez, isso será discutido no Capítulo 8.

Orçamento. Quando se senta e faz uma lista de todas as despesas que mantém, torna-se bem mais fácil enxergar a melhor maneira de investir seu dinheiro. Com isso quero dizer que, se estiver procurando meios de cortar custos, isso ficará mais fácil quando tudo estiver listado bem à sua frente e você perceber que, afinal, talvez não precise mesmo de todas aquelas suas assinaturas de revistas.

UMA LISTA DE PERMISSÕES

Quando o assunto é orçamento, Johnson sugere a criação de uma "lista de permissões". Eu adoro este conceito. Ele se refere a tudo aquilo a que você dá a si mesmo a permissão de adquirir: coisas de que você necessita ou realmente deseja. O problema é que você sempre precisa ser realista em relação a isso.

"Acordos são incríveis, desde que envolva algo que você saiba que irá realmente precisar, que irá vestir ou usar, como um item de cosmético, por exemplo. Porém, não será um bom acordo se você não for utilizar o item que é justamente seu foco principal", Emma Johnson explica. Eu compartilhei com ela um item de minha própria lista de permissões: a contratação de um contador para cuidar dos meus impostos! O interessante é que ela também tem esse mesmo item em sua lista. "Eu gastaria tanta energia mental e emocional com o estresse e a ansiedade de procrastinar e não cuidar dos meus impostos sozinha que esse investimento vale totalmente a pena", salientou Emma.

FACILITANDO A DECLARAÇÃO DE IMPOSTO DE RENDA

Falando de impostos, essa é a época do ano que todos mais odeiam. Mas isso não precisa ser tão estressante se você se mantiver organizado ao longo do ano. O que faço todos os anos é criar uma lista dos documentos que irei precisar para declarar meus impostos. No meu caso, como cidadã norte-americana, são os seguintes:

- ✓ Formulários W2 (discriminar cada um conforme ocupação).
- ✓ Formulários 1099 (discriminados para cada conta).
- ✓ Lista de abatimentos fiscais (tanto relacionados com as despesas trabalhistas quanto com as doações para caridade).
- ✓ Etc.

Estar consciente dessa lista – ou da lista que se aplica ao país onde você vive – durante todo o ano, tornará bem mais fácil encarar a chegada do prazo para a entrega de sua declaração. Eu coleto as informações ao longo do ano, assim que elas são disponibilizadas, e depois, apenas entrego minha pasta ao meu contador quando chegar o momento adequado. Executar apenas um pouco de trabalho extra antes do tempo compensa muito no final.

TORNANDO-SE MAIS SAUDÁVEL POR MEIO DE LISTAS

As listas não são apenas utilizadas no campo de terapias, mas também podem ser usadas para manter sob controle outros aspectos da sua saúde. Quando comecei meu *blog*, escrevi um *post* sobre como os médicos usam *checklists* nas salas de cirurgia, e recebi um ótimo comentário de uma amiga da família, chamada Kate. Ela é professora em tempo integral e mãe de três filhos. Na ocasião, ela mencionou que o fato de possuir uma lista literalmente salvou sua vida.

Sim, foi isso mesmo o que eu disse. O ato de escrever a fez lembrar de que precisava fazer algo fundamental, que acabou prolongando sua vida. **Impressionante, não é?** Ela me disse que por conta dos filhos, do trabalho e da vida pessoal, ela está sempre correndo de um lado para o outro. Foi uma lista de afazeres que a fez parar por um momento e se lembrar de marcar uma consulta de rotina com seu médico.

"Descobri que tenho uma alta probabilidade de desenvolver câncer. Então, os cuidados médicos e as medidas de prevenção têm me ajudado a reduzir minhas chances de desenvolver o câncer de mama no futuro. Quem diria que uma simples lista me lembraria de fazer essa chamada... de fazer essa visita de rotina... e que isso poderia salvar minha vida? E, no entanto, acredito piamente que isso tenha acontecido", me escreveu Kate.

Sobrevivente do câncer e autora do livro *Getting Things Off My Chest: A Survivor's Guide to Staying Fearless and Fabulous in the Face of Breast Cancer* (*Desabafando: Um Guia de Sobrevivência para se Manter sem Medo e Fabulosa Diante do Câncer de Mama*), Melanie Young começou sua jornada com um caderno de uma amiga. Lembra-se de Melanie? É a mesma pessoa que, na véspera de Ano-Novo, faz listas de tudo o que deseja realizar no ano seguinte e dos lugares aos quais que pretende viajar.

"(Minha amiga) me disse para guardar esse caderno e transformá-lo numa lista de trabalho. E ela também me deu algumas perguntas para que eu fizesse ao médico. Eu então levei essa lista de perguntas, além de outras, aos primeiros médicos. Em seguida eu passei a levá-las a todos os médicos, quando já estava à procura de um cirurgião para o procedimento. Daí, a partir dessas eu continuei fazendo mais listas e mais listas", explicou ela.

Foram tantas listas, de fato, que Melanie decidiu escrever seu próprio livro para capacitar pacientes recém-diagnosticadas com câncer de mama. Amigas lhe pediram que compartilhassem com elas seus *checklists* quando também foram diagnosticadas. Por ela ter pesquisado bastante e ser uma pessoa organizada, aquelas listas se transformaram numa ajuda valiosa.

Dirigir-se a qualquer consulta médica equipado com uma lista o ajudará a manter o foco e ainda permitirá que você saia de lá com todas as informações que estava procurando. É claro que eu já deixei consultórios médicos e pensei imediatamente: "Caramba, eu queria ter lhe perguntado X, Y, Z...". Porém quando você é um

pensador organizado, sempre tem a certeza de anotar todas as suas preocupações e levá-las consigo para que sejam devidamente abordadas em sua próxima consulta.

Tanto para exames de rotina quanto para questões de saúde importantes, o resultado é o mesmo. "Creio que isso foi muito útil para mim e para minhas amigas que estavam passando pela mesma confusão de emoções pelas quais eu passei", disse Melanie. "As listas eram algo para o qual elas podiam olhar e em que conseguiam se concentrar", complementou.

No início do ano faço uma lista de todas as consultas médicas pelas quais devo passar, assim como dos meses em que elas precisam ocorrer. Então, coloco lembretes na minha agenda para que não tenha desculpas. A **prevenção** pode salvar minha vida – e fazer o mesmo pela **sua**.

LISTAS DE ALIMENTOS SAUDÁVEIS

Já comentei sobre as vantagens do planejamento das refeições, mas não mencionei que isso também pode torná-lo mais saudável. Se você se alimentar em casa, vai consumir menos calorias, comer menos e gastar menos dinheiro. Parece, portanto, que a preparação dessa lista traz alguns grandes benefícios.

Os nutricionistas gostam de prescrever "a criação de um diário alimentar" como uma ferramenta de alimentação saudável. Em seu livro *Eat Right When Time Is Tight* (*Alimente-se Corretamente Quando o Tempo for Curto*), a nutricionista Patricia Bannan escreveu: "Pesquisas mostram que simplesmente anotar o que você come e quando o faz, auxilia nos esforços para a perda de peso. Essa prática também o torna mais propenso a fazer escolhas saudáveis."

Na faculdade, uma de minhas companheiras de quarto costumava criar listas de lanches que gostava de comer. Na época eu achava que ela era louca. Mas agora, quando penso sobre isso, creio que na verdade ela era muito inteligente. Levar alguns minutos para anotar os lanches saudáveis que você gosta é um planejamento prático. Então, quando estiver realmente com fome, você não tem de pensar muito. Escolhe um dos lanches saudáveis que constam de sua lista em vez de apenas optar por um saquinho de salgadinhos ou um pacote de bolachas.

Heidi Hanna presta consultoria especializada quanto à relação entre alimentação, energia e desempenho das pessoas. Ela também instrui seus clientes a fazerem uma lista de lanches. "Quando temos muitas opções... são tantas as informações que o cérebro fica sobrecarregado; isso pode causar '**paralisia de análise**'. Então, nós simplesmente não fazemos nada", diz ela.

SOBRECARGA DE INFORMAÇÃO

Este conceito pode ser aplicado a muitos aspectos de sua vida. Heidi Hanna sugere trabalhar por 50 minutos e, em seguida, fazer uma pausa de 10 minutos. Mas o que você irá fazer com esses 10 minutos, afinal? Faça uma lista de todas as coisas que gostaria de fazer, assim, você não terá de empregar energia extra quando chegar a hora de fazê-las. Você poderá incluir coisas como:

- ✓ Entrar no Facebook.
- ✓ Caminhar um pouco.
- ✓ Visitar o YouTube para assistir vídeos de seu interesse.
- ✓ Fazer alongamento.
- ✓ Telefonar para os seus pais; irmãos, amigos; padrinhos.
- ✓ Folhear uma revista; ler um jornal.

O fato é que pensar sobre o que fará nos seus 10 minutos de folga com antecedência alivia o estresse de perder esses mesmos 10 minutos tentando decidir o que faria neles.

Você sabia?
Reduzir as decisões diminui o estresse –
Mesmo quando se trata dos ternos do presidente

O presidente Barack Obama deixou escapar um pequeno segredo para Michael Lewis da revista *Vanity Fair*. Ele disse que usa apenas ternos cinzas ou azuis. Na edição de outubro de 2012, o presidente Obama foi citado quando dizia: "Estou tentando reduzir o número de decisões. Não quero ter de decidir sobre o que estou comendo ou vestindo porque tenho muitas outras decisões a tomar."

Ele reconhece que tomar decisões pode ser mentalmente exaustivo, então, prefere que suas tarefas diárias sejam mais rotineiras para poder focar sua energia na tomada de decisões importantes. Isso realmente funciona. Tente fazer o mesmo. Durante uma semana, defina na noite anterior as roupas que usará no dia seguinte. Você precisa usar essas roupas não importa o que aconteça. Mesmo se chover ou a temperatura estiver escaldante, não mude seus planos. Perceba como sua manhã flui muito mais facilmente. Eu sei que para mim funciona como um enorme redutor do estresse. Nos dias em que não faço isso, me confundo toda tentando escolher alguma coisa entre os diversos acessórios disponíveis em meu armário antes de sair para o trabalho. Esse definitivamente não é um bom jeito de começar o dia.

CAPÍTULO 6

Gerencie seu estilo de vida por meio de listas e revele-se um ser sociável

Um dos meus usos favoritos para a criação de listas é **planejar minha vida social**. Quer se trate de uma festa, um evento, uma viagem, ou mesmo um telefonema, utilizo listas para me organizar melhor e garantir que tudo corra bem.

UMA LISTA ENTRE AMIGOS

Todos têm muitas coisas acontecendo simultaneamente em suas vidas, e, às vezes, é difícil se reunir com os amigos. Contudo, manter nossas relações é bom para a nossa mente, para o nosso corpo e também para a nossa alma. Segundo a Clínica Mayo, as amizades ampliam a felicidade, reduzem o estresse e nos ajudam a lidar com os momentos difíceis que surgem em nosso caminho.

Quantas vezes você estava tão animado para ver alguém e, depois que finalmente teve a oportunidade, saiu pensando: **caramba, esqueci de lhe dizer tal coisa?** Isso já aconteceu comigo antes, e é por isso que agora, antes de seguir para o encontro, sempre preparo uma lista com tudo que desejo compartilhar com elas. Às vezes eu faço isso ao longo de algum tempo, mantendo uma página separada num caderno ou uma lista dedicada apenas a essa pessoa em um dos meus muitos aplicativos. Incluo tudo que valha a pena ser anotado. Por exemplo, se acabei de encontrar uma nova cor de esmalte para unhas que acredito que minha amiga irá amar, ela irá imediatamente para minha lista. Coisas bobas e sérias farão parte dela. O importante para mim é escrevê-las, senão, nunca lembrarei tudo o que quero dizer.

Por um tempo mantive um grupo de amigas que adotaram meu estilo de criar listas e se juntaram à diversão. Sempre que nos reuníamos, gostávamos de enviar uma sequência de *e-mails* com antecedência informando todas as coisas que queríamos compartilhar umas com as outras no dia do nosso encontro. Nós dávamos um título divertido a cada item e alternávamos os itens de cada uma durante toda a noite. Era uma maneira divertida e prática para nos reunirmos. Creio que elas pensaram que eu estivesse louca quando sugeri isso pela primeira vez, mas, no final, elas acabaram valorizando a criação dessa lista tanto quanto eu.

Aqui estão algumas razões pelas quais você deve considerar fazer uma agenda da próxima vez que se reunir com seus amigos e/ou familiares. Criar uma agenda irá ajudá-lo a:

- ✓ **Manter o foco** – Especialmente quando há vinho envolvido (é fácil deixar a conversa sair do rumo e nunca chegar a coisas mais importantes).
- ✓ **Lembrar-se de tudo** (você se lembrará de tudo que precisa dizer quando se encontrar se apenas investir alguns minutos criando uma lista e levando-a consigo).

✓ **Criar uma estrutura** (que é apenas uma coisa a menos em que você terá de pensar. Neste caso, quando um tema for abordado a outra pessoa a já sentirá entusiasmada desde o início).

CRIAÇÃO DE LISTAS PARA TELEFONEMAS

À medida que avançamos para a era digital, a arte do telefonema está morrendo. Pesquisas mostram que 8 trilhões de mensagens de texto foram enviadas em 2012. São "trilhões" de mensagens! Muitas pessoas renunciam ao telefonema porque é muito mais fácil digitar algumas palavras e transmiti-las pelo celular em vez de telefonar. Mas um pouco de planejamento e organização extra poderão levá-lo de volta aos telefonemas.

Uma amiga me disse que se sentia mal porque nunca tinha nada para falar com sua mãe quando esta telefonava. Acho que isso já aconteceu com todos nós. Chega o momento de você falar e parece que sua mente fica em branco. É justamente aí que uma lista vem a calhar. Sugeri que minha amiga anotasse as coisas importantes que queria dizer à mãe logo que elas ocorressem – antes do telefonema real. Então, ela começou a fazer uma lista. O fato é que durante a conversa subsequente ao telefone minha amiga deixou sua mãe por dentro de tudo o que estava acontecendo em sua vida. Ela sentiu-se bem porque realmente se conectou com seus pais; sua mãe, em contrapartida, afirmou que aquele fora um dos melhores telefonemas que tiveram em muito tempo. Minha amiga não disse à mãe dela que havia feito uma lista. Não é nenhuma vergonha em ter um roteiro para uma ocasião dessas – especialmente se isso o tornar mais bem-sucedido quando estiver falando ao telefone com sua mãe. Experimente.

PLANEJANDO A VIAGEM PERFEITA

Paris é uma das minhas cidades favoritas. Então, quando eu e Jay, meu marido, tivemos a oportunidade de ir até lá visitar alguns amigos, não perdemos a chance. Nicole (a "gênia" das bagagens que mencionei anteriormente) e Peter são nova-iorquinos que decidiram passar três meses na "cidade luz", simplesmente porque eles a adoram. Nós os visitaríamos por apenas três dias, mas estes seriam dias completos. Essa era a primeira visita de Jay, então, nós realmente queríamos visitar tanto as grandes atrações turísticas quanto algumas menos badaladas.

Assim como eu, Nicole é uma excelente organizadora, então, rapidamente começamos a traçar os planos de nossa viagem. Após trocarmos muitos *e-mails*, reduzimos nossa lista de desejos e salvamos tudo no *Evernote* (ver página 56):

- ✓ Comer *fondue*.
- ✓ Beber um vinho fabuloso.
- ✓ Visitar o Louvre – apenas o principal.
- ✓ Piquenique no jardim de Luxemburgo.
- ✓ Comer *croissants*.
- ✓ Participar de um dos roteiros de *Segway* (passeios turísticos com diciclos pela cidade de Paris).
- ✓ Desfrutar de um passeio de barco no rio Sena.
- ✓ Comer crepes.
- ✓ Assistir aos fogos de artifício em comemoração ao dia da queda da Bastilha.
- ✓ Comer *macarons* (biscoitos coloridos) na Ladurée.
- ✓ Desfrutar de um concerto de música clássica ao ar livre.

Em seguida, começamos a distribuir esses desejos em nossos programas diários. Nós não faríamos um piquenique no jardim de Luxemburgo e comeríamos *macarons* na Ladurée no mesmo dia, porque esses locais são distantes um do outro. Tudo isso teve de ser levado em conta enquanto traçávamos nosso plano. Nosso primeiro dia ficou assim:

Sexta-feira

8:30 – Aterrissar na (às vezes) ensolarada Paris.

9:30 às 13:30 – Acomodar-se no hotel e tirar um cochilo.

13:30 – Encontro para um passeio a Ladurée para o primeiro *macaron* de Paula; caminhar até a rua Des Champs, 75.

14:00 às 16:00 – Conseguir um almoço bom e bem servido perto do hotel; caminhar até o Café Victoria na rua Pierre Charron, 64

16:00 às 17:30 – Pegar a linha 1 do metrô na Champs até Batobus, no rio Sena. Começar na estação Hôtel de Ville e terminar na torre Eiffel. Caminhar ao redor da área.

18:15 às 21:30 – Fazer o passeio de *Segway*. Apanhar e entregar os *Segways* perto da torre Eiffel e rua Edgar Faure, 24.

22:00 – Aguardar para ver as luzes da torre Eiffel / Trocadéro.

22:30 – Jantar no Café Le Malakoff na Place du Trocadéro.

Terminar a noite pegando metrô ou táxi para o hotel e ir para a cama!

Algumas pessoas poderão dizer: "Relaxe, você está de férias! Por que programar tudo?" Eu compreendo perfeitamente o que elas querem dizer, porém, ter um programa nas mãos pode economizar tempo e dinheiro. Acho que ter um plano e fazer minha pesquisa de antemão é uma maneira bem melhor de viajar. É claro que fomos flexíveis quando necessário e mudamos algumas coisas, mas fomos capazes de cumprir cada um dos desejos em nossa lista durante essa curta estada na cidade. Nós pesquisamos cardápios, preços e horários de museus, e a viagem foi muito mais relaxante dessa maneira, porque tínhamos feito todo o trabalho duro antes do tempo.

Dica de produtividade
O segredo dos produtores de TV
para a gestão do tempo: programação reversa

Nos noticiários de TV a programação é tudo. Produtores, âncoras, repórteres, cinegrafistas e editores trabalham com prazos muito apertados. Às vezes as histórias precisam ser reunidas rapidamente, o que torna a gestão do tempo uma das chaves para o sucesso nesse ramo de negócio. O trabalho de mais de uma década nos noticiários de TV me condicionou a também utilizar a gestão do tempo para tornar minha vida diária mais eficiente.

Gestão do tempo
Uma das minhas habilidades relacionadas à gestão de tempo se chama **programação reversa**. Trata-se de uma técnica usada para se certificar de que todas as histórias irão caber dentro da programação para que a mesma termine no tempo certo. Funciona da seguinte maneira: um produtor executivo define o tempo estimado de cada história, dependendo do seu grau de importância. A soma de todo o tempo estimado preenche o noticiário. Você precisa fazer com que todas as notícias do dia – esportes, clima, entretenimento etc. – caibam nesse espaço de tempo.

Existem muitas variáveis em um noticiário: tomadas ao vivo, convidados no estúdio, imagens provenientes de fontes diversas, vários repórteres, âncoras, comentários rápidos, etc. Fazer com que tudo isso funcione em conjunto é um desafio noite após noite. Mas se você assiste a um noticiário todas as noites, você sabe como é.

Os benefícios da programação reversa
A programação reversa é uma maneira de contar de trás para frente. O que quero dizer é que se você tem uma hora para preencher, então, você começa pelo final do noticiário e percorre o caminho de volta até o início, preenchendo sua linha do tempo.

Quando o noticiário ao vivo vai ao ar, você precisa cumprir prazos específicos. Se isso não acontecer será preciso adaptá--lo – talvez cortar algum tempo dos esportes ou eliminar aquela história sobre um coelho fofinho. Você precisa ser flexível para manter o noticiário dentro do prazo.

Felizmente agora existem programas de computador que criam a programação reversa para o produtor. Mas, quando comecei essa tecnologia ainda não existia. Assim, eu tinha de realizar esse trabalho à mão. Não gosto de matemática, todavia, essa matéria se revelava uma matéria indispensável nessa área de trabalho.

A programação reversa na vida cotidiana

Então, como isso diz respeito à vida cotidiana? Bem, você pode essencialmente aplicar a programação reversa a qualquer tarefa ou evento. Fiz isso para minha cerimônia de casamento, e faço isso para minhas tarefas diárias e também quando planejo viagens.

Aqui estão os passos:

1. Imagine quanto tempo você vai levar para executar sua tarefa ou evento.

2. Comece pelo final do evento e percorra o caminho contrário.

3. Avalie quanto tempo cada tarefa irá levar.

4. Ajuste o tempo das tarefas se você achar que não será capaz de realizar tudo num determinado período de tempo.

5. Persista em sua programação.

Um bom exemplo é quando você está tentando sair de casa com crianças pequenas – pequenos seres que vem acompanhados de uma montanha de coisas! Para planejar de antemão, pense em tudo de que irá precisar para sair de casa numa hora específica e depois analise a partir do final até o começo quanto tempo cada tarefa irá levar. Dessa maneira, é possível que você saia de casa a tempo. A programação reversa pode ser aplicada a praticamente qualquer tarefa ou evento, e irá ajudá-lo a reduzir o estresse e, ao mesmo tempo, economizar tempo, uma vez que você se tornará mais eficiente.

Listomania

O MAIOR EVENTO DA MINHA VIDA

Na qualidade de planejadora, me diverti imensamente coordenando meu próprio casamento. Jay e eu decidimos nos casar em Porto Rico, de modo que pesquisar a partir de Nova York foi uma grande façanha. As listas foram a minha redenção. Eu tinha uma específica para quase cada item envolvido:

- ✓ Lista de convidados.
- ✓ Listas de pesquisa de fornecedores locais.
- ✓ Lista dos itens que iriam compor as sacolas de boas-vindas dos convidados.
- ✓ Lista de bagagem.
- ✓ Lista do roteiro do fim de semana do casamento para os convidados.

Embora, em geral, as pessoas achem o máximo a ideia de realizar um casamento num destino tropical ou divertido, também esteja preparado para enfrentar algumas objeções. Depois de superar as prováveis críticas, decida sua lista de convidados e prepare-se para encarar uma montanha de planejamento. Manter-se organizado diante de um dos maiores eventos de sua vida é a chave; caso contrário, você irá acabar se estressando e perdendo toda a diversão!

1. Escolha um destino. Há muito o que pensar ao escolher um local para o seu casamento no exterior (ou qualquer outro casamento dessa magnitude). Certifique-se de que a localização que você escolher seja acessível para a maioria dos convidados. As pessoas vão gastar muito dinheiro e tempo para chegar ao seu casamento, então, seja gentil com elas. Faça uma pequena pesquisa e descubra os tipos de atividades e eventos dos quais elas poderão usufruir durante o fim de semana do seu casamento. Você não tem que planejar tudo para eles, mas, com certeza, deve ter a consideração de oferecer-lhes opções.

2. Escolha os fornecedores. Essa é uma das coisas mais difíceis de fazer quando se está planejando a distância. O melhor conselho que posso dar é arriscar-se – (às vezes), mas nunca sem fazer sua lição de casa – e contratar um organizador de casamentos. Foi isso o que fizemos e, este, com certeza, poderá se revelar o dinheiro mais bem aplicado de todo o evento. Um organizador de casamentos local vive na região e já esse profissional, suas recomendações deverão funcionar muito bem. Você também poderá procurar outros casais que realizaram seus casamentos nessa área e pedir-lhes que compartilhem suas listas de fornecedores.

3. Entreviste os fornecedores. Você deverá estar preparada quando se reunir com esses fornecedores, não importa se por telefone ou pessoalmente. Tenha uma lista de perguntas prontas e peça para falar com algumas das noivas que foram suas clientes, pois a experiência delas poderá ajudá-la a planejar o melhor evento possível.

4. Relaxe. Um casamento numa ilha significa uma atmosfera descontraída. Esteja ciente, portanto, de que nem todos os fornecedores estarão no mesmo "fuso horário" que o seu. Isso foi bem difícil de entender para uma típica nova-iorquina como eu, que, às vezes, entrava em pânico: "Enviei um *e-mail* há 15 minutos e ainda não tive resposta." O horário nesses lugares "funciona de modo diferente." Aprenda a lidar com isso e você será bem mais feliz.

5. Faça uma lista de bagagem. Preparar uma lista de bagagem completa irá evitar dores de cabeça. Você terá muito o que lembrar, então, comece a anotar tudo de que precisará com antecedência. Se precisar de alguma ajuda, compartilhei uma lista de bagagem específica para casamentos no exterior no meu *blog* ListProducer. com, e também no índice deste livro na página 128.

Para qualquer evento que precise planejar, seja um jantar, um evento de caridade, uma festa de aniversário ou o lançamento de um livro, logo descobrirá que as listas de planejamento tornarão mais fácil a obtenção de bons resultados. Algumas pessoas não aproveitam os eventos que promovem porque ficam demasiadamente preocupadas com os detalhes durante todo o tempo. Mas com um planejamento cuidadoso e listas bem pensadas para guiá-lo, a maior parte do trabalho será realizada de antemão e então você conseguirá se divertir durante o evento tanto quanto seus convidados.

A ARTE DE PRESENTEAR

Minha sogra e eu compartilhamos uma paixão: a de **presentear**. Na verdade, adoramos ainda mais sair para comprá-los, mas isso não vem ao caso. Eu diria que ela é uma especialista em presentar, sempre encontrando uma lembrança original e personalizada para cada ocasião. É uma sensação incrível quando você acha a coisa certa. Isso faz com que o presenteado se sinta querido e mostra a ele que você realmente se importa.

Para encontrar o presente perfeito é importante começar a pensar nele antes da ocasião. Veja a seguir um *checklist* que ajuda a escolher ótimos presentes:

1. Procure com antecedência. Quantas vezes você esperou até o último momento para comprar uma lembrança e acabou gastando muito dinheiro ou se decidindo por algo que era "conveniente", mas não o melhor presente para essa pessoa? Se você começar a procurar antes isso não irá acontecer. Portanto, lembre-se dos aniversários dos amigos e das ocasiões especiais pelo menos dois meses antes das datas.

Também costumo fazer minhas compras para as festas e celebrações importantes com uma boa antecedência. Particularmente, começo a me mobilizar já em agosto para a compra de presentes que serão distribuídos somente a partir dos próximos dois meses, assim consigo estar sempre adiantada, adquirir lembranças realmente adequadas e ainda economizar dinheiro.

2. Pense. Uma vez por mês, olho meu calendário para ver que eventos ou aniversários estão se aproximando e então preparo uma lista em ordem cronológica. A partir daí começo a refletir sobre cada pessoa. Penso no que a pessoa gosta, em suas necessidades específicas ou no que andou comentando recentemente. O que, de fato, faz essa pessoa sorrir? Essa lista deve ser mantida em aberto para que você possa adicionar itens a qualquer momento. As ideias também poderão ser arquivadas para outros eventos, como Natal, por exemplo. Pensar no futuro dessa maneira ajuda a reduzir o estresse quando surgem esses eventos importantes.

3. Pesquise um pouco. Depois de pensar em sua lista comece a pesquisar. Às vezes percorro algumas lojas ou visito vários *sites* e simplesmente anoto os itens que acredito que possam interessar a um amigo ou parente. Quando folheio revistas e jornais, se deparo com algo interessante, eu o anoto. Mantenha essa lista sempre à mão e vá adicionando itens conforme for pesquisando e encontrando coisas.

4. Mantenha um registro. Costumo anotar os presentes que já dei às pessoas em um caderno (ou no *Evernote*) para não correr o risco de presenteá-las duas vezes com a mesma coisa – a menos, é claro, que a pessoa realmente goste de um certo item. Normalmente, entretanto, ninguém deseja receber a mesma recordação ano após ano. Se você mantiver um registro das lembranças que deu a cada pessoa conseguirá evitar "repetições desnecessárias".

 Nos EUA, deparei me com um *site* interessante que acredito poderia ajudar muitas pessoas a se tornarem mais organizadas e a receberem os presentes que elas tanto desejam. Ele se chama MyRegistry.com, e funciona exatamente como um registro para lista de casamento ou chá de bebê. Você coloca tudo o que deseja sem ficar preso a uma loja específica. Também é possível adicionar itens literalmente a partir de qualquer lugar, desde que a loja escolhida entregue no CEP informado, é claro. Isso é ótimo, não é? Assim, você poderá criar um registo para a inauguração de um novo imóvel, um aniversário, uma formatura, férias de inverno etc. Entretanto, esse *site* não é apenas dedicado a listas de casamento e chás de bebê. Na verdade, você poderá inserir ali o que quiser e/ou precisar, mesmo que seja solteiro.

Tenho certeza de que os especialistas em etiqueta reprovam totalmente a ideia de pedir presentes. Em geral eu também faria o mesmo, exceto pelo fato de essa ideia economizar tempo e dinheiro. Se meus amigos me disserem o que preferem receber em seu aniversário, então, todo mundo sai ganhando! Dou um presente útil, já aguardado e, ao mesmo tempo, não perco tempo indo de loja em loja tentando encontrar algo que talvez agrade, ou não. O ganho é mútuo! **Aliás, esta é uma ideia brilhante.**

5. Mantenha-se dentro do orçamento. É fácil perder o controle se você encontra um presente que realmente ama ou se está muito pressionado pelo tempo. Mas gastar mais dinheiro não significa que você estará dando o melhor presente. Defina um orçamento para um presente específico e se mantenha dentro dele. Acredite, no final você ficará mais feliz. Vamos dizer que vejo um livro em uma livraria que sei que minha mãe irá adorar; anoto o título e tento obter um melhor negócio *on-line* se puder. Quando você tem o tempo a seu favor – porque começou a pensar nas coisas com a devida antecipação –, pode comprar onde for mais conveniente e ainda economizar seu dinheiro.

LISTA DE COISAS A DIZER EM SITUAÇÕES EMBARAÇOSAS

Todos nós já passamos por isso: encontrar-se em uma situação em que nos sentimos sem graça e apenas buscamos a coisa certa a dizer. Esses encontros sociais embaraçosos podem nos deixar ansiosos, estressados e agitados. Mas como acontece com muitas coisas na vida, você tem que "fingir até conseguir". Então... à lista.

Veja a seguir algumas frases e perguntas que poderão ser usadas na próxima vez em que lhe faltarem palavras:

Em festas
Para algumas pessoas, as festas podem ser torturantes. Conversa fútil, pessoas que você não conhece e silêncios constrangedores

incomodam a maioria de nós. Mas, se você se preparar de antemão para participar de eventos sociais, como jantares ou coquetéis, irá se divertir muito mais. Aqui estão algumas ideias para tirá-lo dessa situação desconfortável:

✓ Faça perguntas em aberto, ou seja, aquelas que não podem ser respondidas com um simples **sim** ou **não**.

✓ Elogie alguém. Isto poderá desencadear uma conversa sobre de onde vieram os brincos que você apontou, o que poderia fazer a bola rolar para uma troca interessante de informações.

✓ Mencione eventos atuais. O melhor é evitar política e religião, pelo menos até que você conheça melhor a pessoa, mas todos os demais assuntos poderão gerar uma boa resposta.

✓ Fale sobre comida. Pergunte sobre os restaurantes que a pessoa gosta ou os lugares que ela já visitou em sua cidade. As pessoas geralmente são apaixonadas por esse assunto.

Chás de bebê
Chás de bebê e de panela podem ser bastante constrangedores. Neles se reúnem grupos de mulheres oriundos de todas as áreas da vida da convidada de honra. Todavia, e na maioria das vezes, essas pessoas nada têm em comum. Bem, pelo menos é assim que se costuma pensar no início, até que se consiga quebrar o gelo:

✓ Como você conheceu a futura mamãe?

✓ Pergunte qual costumava ser o livro favorito da pessoa quando era criança.

✓ Comente seus planos de viagem – isso poderá fazer a conversa fluir.

✓ Mencione um filme que tenha algo a ver com casamentos ou bebês.

Elevadores

Utilizo o elevador no trabalho pelo menos uma vez por dia e fico embaraçada quando alguém entra nele em outro andar. Por sorte trabalho em uma estação de TV, então, temos TVs ligadas em nossos elevadores 24 horas por dia, o que minimiza o número de encontros embaraçosos. Aqui estão algumas ideias para o caso de você não dispor dessa tecnologia para ajudá-lo:

- ✓ Sorria. Às vezes, isso é tudo de que você precisa para quebrar o gelo.
- ✓ Mencione o piso onde a pessoa vai descer e pergunte o que há nesse andar.
- ✓ Respeite o espaço alheio. Nem todo mundo gosta de conversar em elevadores. Em geral não há problema em simplesmente permanecer em silêncio.

Funerais

O fato é que o nervosismo e as emoções nos deixam um tanto sem chão quando alguém morre. Se você não for muito próximo da pessoa que faleceu, pode se tornar especialmente difícil saber o que dizer. Aqui vão algumas sugestões:

- ✓ Compartilhe uma memória feliz ou história sobre a pessoa falecida.
- ✓ Simplesmente diga: "Sei que esse é um momento difícil para você e sua família. Por favor, saibam que meu sentimento de pesar está com vocês."
- ✓ Fale sobre as realizações da pessoa falecida, seja em sua vida familiar, profissional ou dentro da comunidade.
- ✓ Caso conheça bem os donos da casa, ofereça-se para ajudar a servir alguma coisa a quem estiver presente no velório, ou até para ajudar na arrumação após os convidados deixarem o local.

Perguntas-chave para se manter à mão

- ✓ O que de melhor aconteceu no seu dia hoje?
- ✓ Qual foi o último filme que você assistiu?
- ✓ Que tipo de livros você gosta de ler?
- ✓ Se você pudesse viver em qualquer lugar, onde seria?
- ✓ Você toca algum instrumento musical ou fala outros idiomas?
- ✓ Que tipo de criança você era?

Lista de coisas para dizer ao encontrar uma celebridade
Na minha carreira, tenho a sorte de ter diversas oportunidades de conhecer pessoas interessantes e influentes. De vez em quando isso inclui uma celebridade. Quando soube que iria me encontrar com Betty White fiquei muito animada, porque sempre fui uma grande fã do seriado cômico *Super Gatas*. Na verdade, tive a possibilidade de conversar com ela e até mesmo de aparecer rapidamente em um segmento ao lado dela. Foi lindo, e ela foi fantástica.

No entanto, nem sempre corre tudo tão bem quando me encontro com pessoas famosas. Tenho sido uma fã da Oprah ao longo de toda a minha vida, mas quando me encontrei com Gayle King dentro de um elevador, fiquei congelada. Não queria deixar escapar: "Eu amo Oprah também!", então, não disse nada.

Isso pode ser embaraçoso.

Quando você encontra uma celebridade, conhece muito sobre sua carreira e, com frequência, também a respeito de sua vida pessoal. Contudo, para ela, você é um completo estranho. Ninguém gosta de ser questionado sobre seu recente divórcio, tampouco que alguém que não o conheça bem lhe dê conselhos profissionais. Imagino que as celebridades se sintam da mesma maneira. **Então, o que você diria ao se deparar com uma?**

Uma vez criei uma lista de perguntas específicas para fazer à Oprah, mas depois percebi que precisava de uma lista mais geral, para o caso de me encontrar com Stedman ou Gayle novamente. Para evitar ser rude, envergonhar a mim mesmo, ou ficar completamente muda, produzi essa relação de coisas a dizer a uma celebridade:

1. **"Realmente aprecio seu trabalho com** (preencha o espaço em branco)!" Muitas celebridades têm projetos com os quais se envolvem além do trabalho pelo qual são famosas. Tenho certeza de que adorariam um pouco de reconhecimento por sua dedicação a algo que realmente importa para elas.

2. **"O que você acha que acontecerá com** (aquele personagem)?" As probabilidades são de que o ator que interpreta seu personagem favorito da TV ame o personagem tanto quanto você, e passe algum tempo especulando onde esse personagem chegará. Essa teria sido uma boa pergunta para James Gandolfini; eu adoraria saber o que ele achava que iria acontecer a Tony Soprano.

3. **"Você me inspirou a** (preencha o espaço em branco)." Muitas celebridades são artistas cujo trabalho esperam que possa influenciar de maneira positiva a vida das pessoas. Pessoas famosas escutam o tempo todo o quanto os fãs amam seu trabalho e, embora tal valorização nunca envelheça, para elas pode ser ainda mais gratificante descobrir que exerceram uma influência positiva sobre alguém.

4. **"Você alguma vez já ficou petrificado e sem saber o que dizer?"** Até mesmo celebridades (da Lista A) têm outras celebridades ainda mais famosas (da Lista A+++) a quem gostariam de conhecer. Se este for o caso, você estiver realmente nervoso e precisar encontrar uma maneira de quebrar o gelo, tente fazer a pergunta sugerida. As probabilidades são de que a celebridade A+++ também tenha uma história sobre ter ficado extremamente ansioso ao encontrar alguém. Isso pode parecer um caso extraordinário, mas funcionou muito bem para minha estagiária quando ela conheceu Dave Matthews.

5. **"Colar legal! Onde o comprou?"** Essa é uma ótima maneira para conhecer uma celebridade sobre a qual você não sabe muito. Escolha o item mais impressionante que ele ou ela esteja vestindo ou usando e pergunte sobre aquilo. Você nunca sabe que tipo de história poderá estar por trás daquele item de seu vestuário ou que diálogo a questão poderá desencadear.

Seja o que for que você decida dizer, lembre-se de respirar fundo, tente não perder o bom senso, e se prepare para contar e recontar essa história pelo resto de sua vida.

CAPÍTULO 7

A terceirização de sua vida o libertará

Quando chego ao escritório nas manhãs de segunda-feira e pergunto como foi o fim de semana dos meus colegas de trabalho, em geral recebo da grande maioria respostas bastante semelhantes: **"Muito curto!"** Tempo – é a isso que se resume todas as queixas das pessoas; todos desejariam tê-lo em maior quantidade. Porém, talvez isso ocorra pelo fato de muitos de nós não estarmos utilizando nosso tempo com a devida sabedoria.

Até mesmo pessoas bastante produtivas têm dificuldades para realizar tudo o que precisa ser feito ao longo do dia. Entretanto, o segredo está em sua capacidade de delegar atribuições. Se conseguir livrar-se de algum trabalho e concentrar-se em outra tarefa em que seja mais eficiente, com certeza se sairá melhor.

TOM SAWYER, O "TERCEIRIZADOR" SUPREMO

Você com certeza deve se lembrar de Tom Sawyer como um "**causador de problemas**", mas, além disso, ele era também um verdadeiro mestre na arte da terceirização. No livro *As Aventuras de Tom Sawyer*, de Mark Twain, na parte onde ele queria se livrar de suas tarefas, você poderá verificar de que modo ele usou essa prática em vantagem própria.

No caso de você não se lembrar da história, vou resumi-la: Tom está em apuros, novamente, e sua tia Polly não está nada feliz com ele. Sua punição dessa vez é gastar todo o seu sábado caiando a cerca. Mas é óbvio que Tom prefere fazer outras coisas com o seu precioso tempo, então, de maneira hábil, ele convence outros garotos a fazerem o trabalho em seu lugar. Ele diz a eles que caiar uma cerca é um trabalho extremamente prazeroso, mas que nem todos são bons o bastante para fazê-lo. Enganados por Tom, os meninos negociam a oportunidade de fazer o trabalho em troca de vários itens de que dispunham, como: pipas, pedaços de giz, maçãs, alguns girinos, bolinhas de gude, um gatinho com um olho etc. Sem ter de suar muito, Tom não apenas teve a cerca pintada em três demãos, como também colecionou várias bugigangas.

É claro que Tom poderia ter feito o trabalho sozinho, mas simplesmente não o queria. Será que isso soa familiar? Quantas vezes você deparou com uma tarefa, como "ir à farmácia" ou "atualizar seu *blog*", mas sentiu-se pressionado para encontrar o tempo ou até mesmo a vontade de fazê-lo? Tom nos ensina uma lição importante: de que a **terceirização o libertará!**

O QUE É TERCEIRIZAÇÃO?

Terceirizar é conseguir que alguém ou alguma empresa de serviços faça as tarefas no seu lugar, liberando-o para que se dedique àquilo em que você realmente é bom e eficiente. (É claro que, no caso específico de Tom, isso significa relaxar e colecionar porcarias e guloseimas!) A terceirização também reduz a pressão que colocamos sobre nossos próprios ombros. "Existe esse tipo de lenda urbana segundo a qual quanto mais ocupado você estiver, e quanto mais estressado se revelar, mais importante você será considerado", ressaltou Heidi Hanna.

No passado eu costumava controlar pessoalmente tudo o que tinha de ser feito no trabalho e em casa, todavia, quando percebi que havia uma maneira melhor de lidar com os compromissos profissionais e domésticos, rapidamente fiz uma "**reciclagem cerebral**". Agora penso com cuidado em quem poderia executar bem alguns desses trabalhos e então apenas os delego. Em seguida eu me concentro no meu trabalho diário, em escrever este livro, manter meu *blog* atualizado e sair para jantar com o meu marido. Afinal, estas são coisas que só eu posso fazer, então, prefiro dedicar meu tempo a elas. É claro que eu poderia fazer alterações no meu *site* ou ir ao supermercado para as compras semanais, mas estes com certeza não seriam exemplos de "**melhor uso do meu tempo**".

Um dos "terceirizadores" mais eficazes e bem-sucedidos que já conheci se chama Ari Meisel. Quando Ari foi diagnosticado com a doença de Crohn, ele foi capaz não apenas de descobrir uma maneira de evitar tomar remédios, mas ainda de viver uma vida saudável com a ajuda de seus médicos. Certo dia eu o entrevistei em seu ambiente de trabalho e logo descobri que, a fim de manter baixos seus níveis de estresse, sua experiência o levou a aperfeiçoar "**a arte do fazer menos**". Neste sentido, Ari criou o *site* LessDoing. com e ainda escreveu o livro intitulado *Less Doing, More Living: Make Everything in Life Easier* (*Fazendo Menos e Vivendo Mais: Torne Tudo em sua Vida mais Fácil*), cujo objetivo é ajudar as pessoas a "otimizarem, automatizarem e terceirizarem tudo na vida e, desse modo, se mostrarem mais eficazes em tudo".

Ari acredita que você não deva perder seu tempo fazendo coisas nas quais outras pessoas sejam melhores e mais eficientes que você – o que, aliás, lhe permite que faça justamente aquilo o que faz de melhor e o que, de fato, deseja fazer. Segundo ele: "Existem conjuntos de habilidades que nos faltam, mas, ao mesmo tempo, abundam em outras pessoas. Neste caso, não vale a pena tentar aprendê-las, uma vez que, provavelmente, não atingiríamos o mesmo nível de especialização que esses indivíduos. Assim, o melhor é terceirizar essas tarefas e permitir que eles as façam."

Você provavelmente já usou um agente de viagens no passado, certo? Bem, o conceito aqui é o mesmo. Você pode vasculhar a Internet procurando as melhores ofertas e recomendações, ou apenas deixar isso nas mãos de alguém que, com certeza, conseguirá fazê-lo melhor e mais rápido que você, e, então, utilizar esse tempo extra para sair em busca de outro cliente. Isso, por sua vez, irá ajudá-lo a pagar por aquele pacote extra de esportes radicais que você tanto deseja incluir em suas próximas férias.

AS POSSIBILIDADES SÃO ILIMITADAS

Desde que Jay e eu o assistimos em 2011, venho dizendo maravilhas sobre o filme *Sem Limites*. Portanto, se você ainda não viu, não perca mais tempo! E não é só pelo fato de Bradley Cooper ser um colírio para os olhos, mas também por se tratar de um *suspense* bastante interessante. Garanto que no final do filme você também acabará se sentindo atraído pela tal droga chamada NZT.

A NZT permite que as pessoas acessem 100% de sua capacidade cerebral, em vez dos supostos atuais 20% que normalmente utilizamos. É como ser o melhor possível o tempo todo – e até um pouco mais! O personagem de Bradley Cooper, Eddie, aprende idiomas em uma curta fração de tempo e recorda todos os tipos de informações e memoriza em apenas um segundo. Ele escreve um romance em poucos dias e enriquece quase da noite para o dia aprendendo rapidamente a dinâmica do mercado acionário.

Agora, voltando à vida real, e quanto à sua lista de pendências? Não seria ótimo se pudesse se livrar de todas elas num passe de mágica? Bem, você pode – e sem a NZT. Na verdade isso é bem possível, valendo-se da terceirização.

Listomania

OS BENEFÍCIOS DA TERCEIRIZAÇÃO

Tenho escrito muito sobre como é importante se lembrar de que você é apenas uma pessoa. Portanto, é crucial que, de vez em quando, conceda a si mesmo uma **pausa!** Nem sempre é possível fazer tudo por conta própria, e é por isso que, às vezes, você precisa pedir ajuda. Depois de tanto aconselhar, finalmente segui minhas próprias dicas e convoquei alguns estagiários para me auxiliarem. **Uau! Como minha vida melhorou.** É impressionante o que acontece quando você decide abrir mão de um pouco de controle.

De fato, grandes benefícios advêm de um pouco de ajuda extra:

Você consegue manter o controle de suas ideias. Você alguma vez já acordou no meio da noite com uma ideia brilhante? Talvez você a tenha anotado, porém, depois você esqueceu onde colocou o pedaço de papel ou caiu na rotina e perdeu sua inspiração? Quando você conta com a ajuda de alguém, entretanto, essa pessoa está ali justamente para manter o registro de todas as suas "ideias malucas" e auxiliá-lo a administrar as coisas e evitar que você as esqueça. Um simples: "Ei! Você queria fazer 'tal coisa', lembra-se? Como gostaria de prosseguir?" partindo de alguém solidário irá mantê-lo focado e no rumo certo.

Você terá mais tempo. Talvez você tenha uma ótima ideia, mas não sinta que exista tempo livre em sua agenda para implementá-la. Uma ajudinha extra com pesquisas ou contatos lhe permitirá ir mais longe. Mais uma vez, se houver muito trabalho a ser feito, um par de mãos extras será sempre bem-vindo!

Você poderá ganhar mais dinheiro. Você talvez seja mais bem-sucedido se tiver alguém para ajudá-lo a gerir sua carga de trabalho e, ao mesmo tempo, administrar seus planos. Talvez você finalmente consiga colocar em prática aquele novo projeto, pois terá não apenas os meios, mas também a assistência necessária para fazê-lo.

Você irá experimentar menos estresse. Uma lista de afazeres com um número demasiado de itens não apenas o impede de se concentrar na tarefa que está a sua frente, mas pode ainda diminuir a qualidade do seu trabalho. Delegue um pouco do que precisa ser feito e você se sentirá bem menos estressado. No final o resultado será melhor. Em *Stressaholic: 5 Steps to Transform Your Relationship with Stress* (*Stressaholic*: Cinco Passos para Transformar sua Relação com o Estresse), Heidi Hanna ressaltou: "O excesso de tarefas prejudica o desempenho, promove o desperdício de tempo, absorve energia e gera vários outros aspectos negativos. As pessoas não se sentem apenas forçadas a dar conta de todas as suas tarefas, mas também a fazê-lo em menos tempo."

Encarando toda a correria de sua vida como *coach* e mãe de duas crianças – o que, aliás, a estava levando à loucura –, a deusa da tecnologia, Carley Knobloch, fundou o Digitwirl.com (que se transformaria mais tarde na CarleyK.com). Certa vez ela me disse que deixar de fazer as coisas de sua lista que a faziam sentir-se mal foi uma grande vitória. "Não seria ótimo não ter de executar algumas tarefas para poder ficar um pouco mais com meus filhos? Ou apenas não ter de me desgastar indo pessoalmente ao supermercado? É óbvio que eu preferiria pagar alguém para ir até lá um dia qualquer da semana e fazer as compras. Embora tivesse de pagar por esse serviço, esse gasto valeria a pena para mim, pois me faria me sentir bem comigo mesma", comentou.

Você irá desfrutar de companheirismo. É sempre bom poder contar com alguém que coloque os **seus** objetivos e interesses à frente de tudo. Neste sentido, a contratação de alguém irá mantê-lo equilibrado. Você será capaz de confiar em um estagiário ou assistente para manter suas tarefas e seu calendário em dia, enquanto você redireciona seu próprio foco. Você terá alguém para colocar suas ideias em prática e também para se certificar de que não deixará de fazer uma merecida e necessária pausa para o almoço, mesmo quando tiver um dia particularmente agitado.

Se você ainda estiver hesitante em relação à ideia de recrutar alguém para auxiliá-lo, faça a si mesmo as seguintes perguntas:

Listomania

✓ Que grandes ideias você colocaria em prática se alguém pudesse gerenciar os detalhes?

✓ O que você gostaria de estar fazendo nesse momento de sua vida, mas continua sendo deixado em segundo plano?

O QUE TERCEIRIZAR?

Você se surpreenderá com o número de coisas que podem ser terceirizadas em sua vida. As possibilidades são muitas. Eu terceirizo uma variedade de tarefas, incluindo minhas compras de supermercado, a faxina da minha casa, trabalhos de pesquisas, a formatação do meu *blog* e o gerenciamento de canais de mídia.

Ari Meisel também me disse que terceiriza praticamente tudo em sua vida. Isso inclui:

✓ Seu *podcast*.

✓ O trabalho de edição.

✓ O trabalho de transcrição.

✓ A redação de seu *blog*.

✓ A manutenção das mídias sociais.

✓ O trabalho de pesquisas.

✓ Os pedidos de suprimentos.

✓ A programação de compromissos.

✓ O planejamento de viagens.

✓ A obtenção da cidadania francesa (!)

"O que todo mundo diz é '**Ah, isso só levará um minuto, então posso dar conta sozinho.**' O fato é que 'nada leva apenas um minuto', mas essas são exatamente as 'pequenas' coisas que, uma vez realizadas, resultam em algo especial", explicou Meisel.

Você sabia?
Você realmente pode pagar as pessoas para que realizem qualquer tarefa.

Em um artigo do *New York Post* intitulado *NY Full of 24-Hour Lazy People* (*Nova York Está Repleta de Pessoas Ociosas 24h por Dia*), Reed Tucker destacou várias atividades que podem ser terceirizadas. Ele mencionou que, combinando um preço, você praticamente pode delegar qualquer tarefa, até mesmo contratar alguém para dirigir seu carro em seu lugar, sem ter de contratá-lo como motorista particular. Por US$ 20 a hora, um sujeito no Brooklyn o leva para onde quiser – tudo que você precisa fazer é fornecer-lhe as rodas.

Veja a seguir algumas tarefas que podem ser terceirizadas:

1. Refeições naturais e saudáveis para crianças (sim, há um serviço em Nova York que fornece justamente isso: InBoxYourMeal.com).

2. Passeio dos cachorros com a garantia da limpeza das fezes do animal.

3. Decoração para uma festa de aniversário.

4. Faxina (Deixe a lavagem do telhado e das calhas para profissionais, enquanto você organiza suas blusas de inverno pela cor).

5. Montagem de móveis sofisticados (Não perca tempo com manuais complicados e deixe que um especialista cuide disso).

6. Reorganização do mobiliário (Precisa mover algumas peças grandes de mobiliário para abrir espaço para sua árvore de Natal? Contrate o pessoal da mudança).

7. Fixação de quadros (Torne sua casa um pouco mais "aconchegante" antes que seus pais venham visitá-los).

8. Compra de presentes que você já tenha definido e listado com antecedência.

9. Pesquisa de maneiras mais econômicas de fazer uma turnê pela Itália.

COMO TERCEIRIZAR

Eu consegui convencê-lo? Muito bem, então **deixe-me** agora ajudá-lo a encontrar um bom auxiliar, ok? A primeira tarefa antes da contratação é descobrir quem "combina" com você. Se for usar um assistente virtual para ajudá-lo com as tarefas de trabalho, é importante que vocês se adequem um ao outro. Quando estiver delegando aspectos importantes de sua vida pessoal e/ou profissional você desejará ter certeza de que poderá **mesmo** contar com essa pessoa. Entretanto, para outras tarefas menos importantes, é possível que qualquer assistente respeitável dê conta do recado.

Aqui estão alguns recursos para ajudá-lo a encontrar a melhor pessoa para o trabalho:

1. **Elance.com** – Ótimo para a formação de uma força de trabalho. Anuncie um trabalho *freelance* e descubra profissionais qualificados tais como projetistas, escritores, artistas gráficos, contadores, especialistas em *marketing*, assistentes virtuais e qualquer outra especialidade que você possa pensar.

2. **FancyHands.com** – De longe uma das minhas empresas de terceirização favoritas. Utilizo esse serviço regularmente, e tem sido de grande ajuda. Eles dão conta de qualquer tarefa virtual, desde que leve até 20 minutos para ser concluída. Eles também fazem reservas e pesquisas rápidas. Mas nunca executam tarefas físicas, como pegar sua roupa na lavanderia ou preparar seu jantar. O Fancy Hands me ajudou a planejar minha viagem para a Itália,

pesquisar fornecedores e encontrar um professor de guitarra para o meu marido. Você paga por lotes de cinco, quinze ou cinquenta solicitações e eles emitem uma única fatura mensal ou anual.

3. **TaskRabbit.com** – Outro dos meus favoritos. Essa empresa foi aberta porque a própria CEO, Leah Busque, precisava de comida para seu cachorro, mas costumava trabalhar até tarde. Foi então que ela imaginou uma solução para esse problema. "Mesmo que eu seja razoavelmente boa em fazer algo, faz todo o sentido terceirizar esse serviço se o meu tempo puder ser melhor aproveitado com outras coisas", explicou ela em uma publicação no meu *blog*.

Um *site* como o TaskRabbit irá ajudá-lo a executar várias tarefas, como: comprar alimentos, adquirir presentes para amigos ou até mesmo encaminhar um telegrama animado! Você paga por tarefa e pode receber várias ofertas para a execução de seu projeto. Os TaskRabbits que estiverem concorrendo à sua tarefa nunca sabem quanto os concorrentes estão dispostos a cobrar, por isso os preços são bastante competitivos. Além disso, se você gostar de um determinado TaskRabbit, você poderá voltar a contratá-lo(a) numa próxima vez.

4. **Handy.com** – Uma ótima ferramenta para encontrar um serviço de limpeza, encanador ou um trabalhador braçal. A ideia é gastar menos tempo vasculhando a Internet para encontrar pessoas respeitáveis e confiáveis para um determinado serviço. Pense em todo o tempo que você irá economizar em vez de pesquisar por horas na Internet!

5. **Guru.com** – Outro serviço que ajuda a encontrar *freelancers*. Você poderá encontrar profissionais voltados tanto para áreas técnicas e de negócios quando para as ligadas à criatividade. Não importa se você precisa de um especialista em bate-papo *on-line*, de um poeta ou organizador de eventos, você com certeza irá encontrar a pessoa certa aqui.

6. **WunWun** – Um aplicativo de uma *start-up* de Nova York que, diferentemente de outros serviços já mencionados, especializou-se em entregas. Com este aplicativo é possível fazer com que qualquer coisa lhe seja entregue em qualquer lugar de Manhattan, desde sua sobremesa favorita, até um novo par de calças *jeans* e várias caixas de vinho para uma festa – você diz o que deseja e eles entregam.

7. **Zirtual.com** – É uma espécie de *site* para encontrar assistentes virtuais. Você preenche um perfil e ele o emparelha com a pessoa mais indicada para o trabalho. Então, você contrata um assistente dedicado para ajudá-lo com suas tarefas. A taxa inicial é de US$ 99 por mês. Os assistentes virtuais podem auxiliá-lo com pesquisas, programações, compras, inserção de dados, processamento de *e-mails*, telefonemas e muito mais.

8. **Contrate um estagiário** – Estagiários geralmente custam pouco, pois o que realmente importa para eles é o número de horas trabalhado, além do aprendizado, é claro. Porém, eles ainda estarão na faculdade e, provavelmente, terão trabalhos e projetos paralelos, de modo que não se dedicarão exclusivamente a você. Eu tenho quatro estagiárias incríveis (Isabel McCullough, Kayla Ellman, Caitlin Scott e Audra Martin) que me ajudam a manter meu *blog*. Elas também fizeram as pesquisas para este livro e ainda cuidam de tudo em relação às mídias sociais. Escolhi estagiárias que estivessem interessadas especificamente no meu setor, e então proporcionei a elas visitas a estúdios de gravação, as apresentei a especialistas da área, recomendei seus currículos e as orientei e aconselhei no que diz respeito à carreira escolhida. Gostei de fazer todas essas coisas, apesar de que elas também consomem tempo. Portanto, mesmo que esteja recebendo ajuda "gratuita" e, ainda que seja bom para seus estagiários, terá de investir algum tempo neles. Tenha isso em mente. O processo para encontrar alguém pode ser um pouco desafiador, entretanto, uma vez que encontre essa pessoa, a recompensa será imensa. Coloquei um anúncio no Linkedin.com e contatei universidades locais que mantinham programas de estágio.

Seguem algumas referências brasileiras: getninjas.com.br, doutorresolve.com.br, donaresolve.com, houseshine.com.br, br. freelancer.com, workana.com, prolancer.com.br etc. Como estas, existem muitas outras opções. Pesquise e monte a sua lista!

QUANTO CUSTA?

Agora, a parte que você estava esperando: o preço que a terceirização irá custar. Bem, a primeira pergunta a se fazer neste se caso é: **para você, quanto vale obter ajuda?** Acredito que se conseguir dar conta de um único projeto a mais por mês se conseguir algum apoio em termos de mão de obra, esse investimento já terá valido a pena.

Segundo as palavras de Ari Meisel, ao longo dos últimos dois anos, ele conseguiu economizar 3 mil horas e US$ 500 mil apenas com a terceirização de tarefas. Esses números são surpreendentes. Mas sejamos realistas: tudo isso é um pouco subjetivo, pois depende de quanto você valoriza seu tempo; também depende do seu próprio conjunto de habilidades pessoais e da quantidade de dinheiro que você tem disponível. Mas, convenhamos, não seria melhor ter 3.000 horas livres para brincar com seus filhos ou até mesmo para relaxar numa praia ao invés de ficar enviando e--mails? Aliás, a economia desse US$ 500 mil também viria bem a calhar, não acha?

Aqui está uma outra ideia: que tal permutar assistência? Quando você troca, você negocia serviços com alguém que possa ajudá--lo. Assim, por exemplo, eu poderia fazer as atualizações do *site* pessoal de uma *web designer* e, em troca, ela criaria um novo logotipo para o meu *site*. Percebeu como funciona? Você pode usar algo no qual é bom para obter algo que precisa – sem que nenhum dinheiro precise trocar de mãos. Essa opção é mais demorada, portanto, decida o que faz mais sentido para você.

COMO DELEGAR

Em teoria, é um privilégio incrível pensar em transferir suas tarefas para outra pessoa. Mas, ao contrário de Tom Sawyer, nem todo mundo tem tal facilidade para delegar. Isso definitivamente requer alguma prática. Então, aqui vão algumas dicas:

1. **Seja organizado.** Faça uma lista de todas as coisas que você puder delegar. Seja bem específico. Essa lista pode incluir o agendamento de consultas, ideias de menu para o jantar, a compra de itens para uma festa que se aproxima, a gestão de uma caixa de entrada de *e-mail* abarrotada, o replanejamento dos logos do *blog*, entre uma variedade de tarefas.

2. **Seja realista.** Você se conhece melhor do que ninguém, por isso, seja honesto sobre o que realmente leva apenas 5 minutos para fazer e o que pode de fato ser terceirizado.

3. **Seja humilde.** Não tente ser um super-herói e fazer tudo sozinho. Essa ideia está completamente fora de moda. Seja brilhante no que você é bom e persista nisso.

4. **Seja claro.** Ari faz uma lista de verificação para cada um dos processos que seus assistentes virtuais executam para ele. Ele tem 53 listas de verificação nesse momento, para todos os tipos de tarefas, incluindo o pagamento de contas. Quanto mais informações você tiver para se certificar de que sua ajuda contratada compreendeu a tarefa, mais perfeita será a transição.

5. **Seja grato.** Agora que você tem mais tempo para fazer as coisas que realmente quer, **sorria!** Você efetivamente terceirizou serviços que mesmo poderia ter feito, mas não precisava. Agora pode passar mais tempo com sua família, sair de férias, ler uma revista ou até mesmo tirar um cochilo. **Aproveite!**

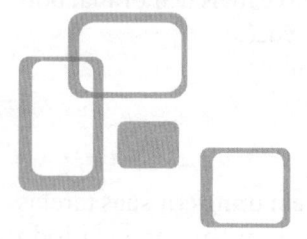

CAPÍTULO 8

Tornemo-nos digitais

Tenho uma confissão a fazer: fui uma retardatária no mundo digital e costumava achar que todos os aplicativos eram estúpidos. Pronto, falei. Por muito tempo mantive um pequeno celular modelo *flip* e simplesmente não conseguia convencer minha mente sobre a necessidade de usar aplicativos para fazer qualquer coisa. E, com certeza, eu não conseguia descobrir por que razão tinha que teclar sete vezes para digitar uma palavra de apenas três letras – como "Olá" – em meu fiel e nada *"smart" jurassicphone*. Francamente, eu não dava importância para o *iPhone* e pensava que meu pequeno e ultrapassado *flip* fazia tudo o que eu precisava – ligava e me conectava com todos com quem eu precisasse falar. Eu também tinha o meu bloco de papel e o meu lápis para atender a todas as minhas necessidades na criação de listas, portanto, eu estava muito bem, obrigada.

Contudo, depois de muitas cutucadas do meu marido, finalmente fiz a mudança para um *iPhone*, e tenho de reconhecer:

estava totalmente errada. Não sei como consegui viver sem ele tanto tempo. Esse aparelho é mais do que incrível para manter o controle de tudo na minha vida e ainda me ajudar a fazer **mais em menos tempo**. Então, se você é tão teimoso quanto eu fui, por favor, faça uma tentativa. Mas realmente tente. Eu prometo que você também logo irá perceber o valor de todos os outros elementos digitais.

OS PRÓS E CONTRAS EM TORNAR-SE DIGITAL

Eu ainda faço minhas listas à mão, mas as listas digitais e os aplicativos são um complemento muito necessário para a pessoa se tornar mais produtiva. E acontece que não estou sozinha nessa frente. Um estudo realizado pela Forrester Research para a Livescribe, uma empresa fabricante de canetas digitais inteligentes, constatou que, embora os profissionais utilizem *laptops* e *tablets* para atender suas necessidades no trabalho, 87% deles também se valem de notas escritas à mão.

É claro que existem prós e contras em transferir a criação de listas para a tecnologia mais recente. Veja a seguir alguns deles:

Prós

✓ **Possibilidade de sincronização.** A maioria dos aplicativos que você irá utilizar poderá ser sincronizada por meio de múltiplas plataformas para que você possa acessar sua lista a partir de qualquer lugar e a qualquer momento. Isso significa que se você escrever uma lista em um *site* em seu *desktop*, ela também estará disponível em seu *smartphone* quando você sair do trabalho e se dirigir ao supermercado.

✓ **Possibilidade de perda do papel.** Uma das principais queixas das pessoas no que se refere a escrever listas em papel está relacionada ao fato de elas os perderem por aí. Não mais! Ao usar a tecnologia suas listas ficarão armazenadas a longo prazo.

- ✓ **Possibilidade de rever as listas.** Muitas vezes, quando se está escrevendo sua lista para mudança ou viagem, é normal esquecer o lugar em que estava anotando os itens. Mas se você tiver listas digitais, é bem mais provável que as encontre facilmente, as verifique e realmente as utilize.
- ✓ **A busca se torna mais fácil.** Não importa quando ou onde você escreveu essa lista, você sempre será capaz de encontrá-la. Haverá um registro digital que você poderá acessar a qualquer momento.
- ✓ **Você irá desfrutar de uma boa conversa.** As pessoas adoram falar sobre aplicativos. Elas gostam de compartilhá-los, de procurá-los na Internet, adoram exibi-los. Você ficará sempre atualizada se começar a trocar ideias sobre alguns bons aplicativos.

Contras

- ✓ **Escrever à mão aumenta o poder cerebral.** Você pode não ter a mesma eficiência mental que teria se fosse escrever sua lista à mão. Estudos mostram que a escrita à mão ajuda com a expressão de ideias e melhora o desenvolvimento de habilidades. Já foi demonstrado que ela mantém afiados os cérebros já envelhecidos dos *baby boomers*, ou seja, das pessoas nascidas entre meados dos anos 1940 e 1960.
- ✓ **A tecnologia pode se revelar opressiva.** Eu entendo, porque pensava exatamente o mesmo. Por que eu teria o trabalho de baixar um aplicativo quando podia simplesmente escrever a nota que preciso?
- ✓ **A criatividade pode ser prejudicada.** Se você gosta de desenhar figuras, diagramas ou tabelas enquanto toma notas ou cria listas, pode se tornar um pouco mais difícil fazê-lo digitalmente.

✓ **Você precisa fazer sua lição de casa.** Nem todo aplicativo fará o que você precisa, e nem todos os aplicativos que eu amo funcionarão para você. O segredo é experimentá-los e verificar quais os que melhor atendem às suas necessidades. Isso pode ser demorado e, às vezes, frustrante, mas quando você encontra o aplicativo certo, sua vida muda.

Agora que expus os prós e contras, quero lhe dizer que todos os contras podem ser superados. Você não precisa desistir ainda de seus bloquinhos de notas nem de suas canetas coloridas. Existem maneiras de mesclar os métodos tradicionais e digitais de criação de listas, fazendo com que a migração para o uso de aplicativos lhe traga benefícios maravilhosos. Quando conversei com a especialista no setor Carley Knobloch, ela me disse que o uso da tecnologia tem sido um divisor de águas para ela também como mãe. "Agora tenho um lugar onde posso guardar pensamentos efêmeros que, com certeza, iria esquecer se não os capturasse imediatamente. Há muita coisa acontecendo, muita coisa com que me preocupar", disse ela.

DOMINE AQUELA LISTA DE AFAZERES

Para aqueles que acham que o *Notes* do *iPhone* é o aplicativo perfeito para a criação de listas de tarefas, recomendo testar algumas das sugestões a seguir. Sim, existe vida fora desse aplicativo! O segredo é usar vários deles para encontrar qual será capaz de fazer exatamente o que você precisa para tornar sua vida mais fácil. Alguns irão lembrá-lo de tarefas; outros facilitarão o compartilhamento com amigos; outros ainda irão alertá-lo em relação a pendências até que você execute os itens em aberto. Encontre um que funcione no seu caso e tudo bem.

Aqui estão alguns dos meus favoritos:

Evernote. Se você decidir baixar somente um aplicativo em toda sua vida, então, que seja o *Evernote*. Como já mencionei no Capítulo 4, o *Evernote* pode ser usado quando se trabalha com outras pessoas, pois torna a colaboração instantânea. Mas também é uma ferramenta maravilhosa quando você está lidando com tudo sozinho. É incrivelmente versátil, não importa se para ajudá-lo a gerenciar seus gastos no trabalho ou para planejar a festa de aniversário perfeita para seus filhos.

Depois de baixar o aplicativo, você poderá entrar no *site* – evernote.com – e acessar todas as suas notas pessoais a partir de qualquer lugar, seja de um *desktop*, *laptop* ou *tablet*. O *Evernote* é um sistema de hospedagem de dados em nuvem, no qual é possível manter qualquer coisa arquivada: notas, fotos, recortes de *sites*, e até mesmo arquivos de áudio. Uma amiga que também é obcecada por ele, certa vez o chamou de uma "**extensão de sua mente**". Acho que ela foi bastante precisa. Qualquer coisa que você deseja acompanhar, mas sabe que poderá esquecer, deve ir para o *Evernote*. E você ainda poderá criar várias agendas para manter todas as suas ideias organizadas.

Veja como eu o utilizo.

Esboços e ideias. Ideias para postagens no *blog*; histórias a cobrir para o trabalho; projetos editoriais etc. – estes surgem na minha cabeça nos momentos mais estranhos. Mas agora posso abrir o *Evernote* em meu *iPhone*, a qualquer hora, e anotar o que estou pensando, fazendo posteriormente o acompanhamento do processo. Também faço esboços para roteiros e postagens enquanto me desloco para o trabalho, para que eu possa ser mais eficiente quando chegar a um computador.

Captura de *sites*. O *Evernote* tem um ótimo recurso que marca o *site* pelo qual estiver navegando. Basta clicar num determinado lugar e a página é salva imediatamente o que estiver olhando. Então, se você quiser salvar uma receita, um artigo ou uma ideia para um presente, basta clicar sobre o ícone do pequeno elefante, e ele vai fazer todo o trabalho para você.

Preparação para as férias e pesquisa. Sempre que planejo minhas férias, faço isso no *Evernote*. É um sistema organizado que mantém todos os meus documentos juntos. Você pode enviar um *e-mail* para a sua conta personalizada do *Evernote*, e seus documentos, informações sobre viagens e itinerário serão salvos automaticamente. Depois, você pode colocá-los todos juntos em uma agenda para facilitar o acesso enquanto você viaja. Essas anotações podem ser baixadas diretamente no seu telefone, então, você não precisa se preocupar em ter Wi-Fi para acessá-las.

Também comparo locais de férias, *resorts*, e tudo mais, salvando comentários no *Evernote*, e os mantendo ali para que possa sempre consultá-los. Por exemplo, todo mês de novembro eu e meu marido tentamos ir a algum lugar quente. Eu pesquiso vários locais todo ano. Meus comentários de prós e contras referentes a cada *resort* são salvos no *Evernote*, para que da próxima vez que estiver planejando uma viagem eu não tenha que começar do zero.

Gravações de entrevistas. Se precisa gravar uma conversa ou um discurso, você pode fazê-lo diretamente no *Evernote*. Existe uma opção para gravar áudio, e é mais acessível do que você poderia imaginar. Se você estiver em uma conferência, você pode tomar notas ou apenas gravá-la. Eu capturo o áudio de entrevistas que conduzo pelo Skype usando esse recurso também. Você também pode arrastar um arquivo MP3 pré-existente em uma nota e armazená-lo dessa maneira.

Senhas. Você pode manter todas as suas senhas em uma nota para que nunca mais as esqueça novamente. Também é possível colocar uma senha nessa nota específica, caso queira uma proteção adicional.

Tomada de notas. Sempre que vou a uma conferência, tomo todas as minhas anotações durante as sessões usando o *Evernote*. Consigo tirar fotos dos apresentadores, gravar o áudio de seus discursos e também digitar notas. Eu até o utilizo para fazer uma lista de contatos importantes e do que é necessário para dar seguimento a eles após o término da conferência. O *Evernote* torna isso muito mais viável para mim.

Guardar listas. Sou conhecida por manter algumas listas de afazeres e listas de restaurantes no *Evernote*. Mas, na maioria das vezes, uso outros aplicativos para essas tarefas específicas.

Compras de feriado. Esse é provavelmente um dos usos mais consistentes que tenho para o *Evernote*. Todo ano faço uma lista (em agosto) de todas as pessoas para as quais preciso comprar presentes de Natal. Então, anoto algumas ideias que já tenho e acrescento outras mais tarde quando algo me ocorre, onde quer que esteja. O *Evernote* torna fácil manter o controle de todos na minha lista e seleciona as pessoas para as quais já comprei a lembrança. Também uso a ferramenta de recortes de *sites* para salvar ideias de presentes durante todo o ano. Quando estou em dúvida sobre o que comprar, eu simplesmente vasculho minha agenda no *Evernote* para encontrar inspiração.

Está com dificuldade para fazer o *Evernote* trabalhar para você?

As pessoas sempre me dizem que conseguiram baixaram o *Evernote*, porém, não foram capazes de "entender seu funcionamento". Bem, isso é compreensível. O *Evernote* requer um pouco de comprometimento no início, antes que o aplicativo possa se tornar realmente útil. Aqui está minha lista de dicas e truques para ajudá-lo a fazer do *Evernote* uma das melhores coisas que já aconteceram em sua vida.

1. Utilize-o com frequência. Quanto mais você o usa, mais útil ele se torna. Diferentemente do que ocorre com um *post-it* grudado em seu celular, acredite, as anotações no *Evernote* duram para sempre. Quando você é capaz de acessar semanas de listas de tarefas e respirar aliviado porque não perdeu nenhuma, você entende o que quero dizer.

2. Baixe a ferramenta de captura de *sites*. Irá se tornar um hábito recortar todas as coisas que você quer salvar. Será fácil armazenar qualquer coisa que queira, como um artigo que deseja ler posteriormente, um emprego para o qual quer se candidatar ou uma ideia de presente de Natal para sua mãe. Funciona em qualquer *site* que visitar, e existe até mesmo uma maneira conveniente de acrescentar notas e catalogá-las para que você as encontre facilmente quando for necessário.

3. Compartilhe. As maneiras pelas quais você pode usar o *Evernote* de modo colaborativo são muitas. Se você estiver planejando um casamento longe de suas madrinhas, abra uma pasta para armazenar ideias. Depois, cada uma poderá acrescentar e comentar sobre os itens que gosta e/ou desgosta. A ferramenta de captura de *sites* torna tudo muito simples. Tente isso ao planejar eventos, férias, colaboração em postagens e muito mais.

4. Utilize o recurso de e-mail. Toda conta do *Evernote* vem acompanhada um endereço de *e-mail* personalizado. Use-o. É uma enorme economia de tempo. Quando você recebe uma confirmação que deseja rastrear, como, por exemplo, o recebimento de um presente que você encomendou, envie-a para seu *e-mail* do *Evernote*. Ela será salva automaticamente em sua pasta, tornando-a acessível sempre que precisar.

Também utilizo esse recurso quando faço doações para caridade ou pago os impostos da minha empresa. Quando recebo as confirmações por *e-mails*, eu as encaminho para minha conta de *e-mail* personalizada do *Evernote* e mantenho o controle de tudo o que já foi quitado naquele ano. Tudo é simples, fácil e fica pronto num piscar de olhos. Eu poderia seguir adiante e continuar essa lista para sempre, porque existem muitas maneiras de usar o *Evernote*. Na verdade, eu mesma encontro novos usos para ele o tempo todo. Mas o melhor conselho que posso dar é que simplesmente comece a usá-lo. Quanto mais você o utilizar, mais irá pensar nele como um **segundo cérebro**, e mais útil ele se tornará.

Clear – **Tarefas, lembretes e listas de afazeres.** O *Clear* é de longe um dos aplicativos mais bem projetados que já vi. É muito inteligente e fácil de usar. Isso fará com que você até queira acrescentar tarefas à sua lista de afazeres.

Aqui estão os prós e contras que vejo no Clear:

Prós

1. *Design* impressionante.

2. Fácil e divertido de usar – toque para excluir ou preencher, arraste para reordenar as tarefas etc.

3. Belos efeitos sonoros (para quem gosta desse tipo de coisa).

4. Uma maneira simples de manter sua lista de afazeres organizada.

5. Utiliza cores para priorizar tarefas.

6. Ótimo lugar para manter o controle de suas listas. Por exemplo, a lista de restaurantes a experimentar, de livros que pretende ler ou de tarefas que precisa realizar num dia específico.

Contras

1. Só é possível visualizar dez tarefas de cada vez.

2. Pode ser um pouco confuso acessar as camadas de menus.

Uso esse aplicativo para manter o controle de ideias de postagens para o meu *blog*, metas de longo prazo e listas de compras rápidas. Definitivamente vale dar uma olhada (uma queixa comum, no entanto, é que ele é um tanto espalhafatoso).

Carrot To-Do. Não costumo responder bem a intimidações, mas por alguma razão eu gosto do jeito insistente desse aplicativo. A ideia é que essa lista de afazeres com bastante "personalidade" o ajude a realizar todas as suas tarefas. E quando digo "personalidade", quero dizer "atitude". O humor do *Carrot* muda dependendo de quão produtivo você se revele. É muito engraçado, na verdade.

Quando termina uma tarefa, você ganha pontos e desbloqueia novos recursos e recompensas.

Aqui está minha lista de prós e contras do *Carrot*:

Prós

1. O divertido formato "tipo jogo" faz com que você queira completar as tarefas para descobrir o que o *Carrot* lhe reserva na sequência.

2. É muito fácil de usar e bastante intuitivo.

3. Um dos presentes que ele me deu foi um gato chamado Capitão Bigode. **Que fofo!**

Contras

1. Não é um aplicativo muito indulgente caso você cometa erros logo no início. À medida em que você trilha seu caminho pelos vários níveis, entretanto, é capaz de editar, desfazer e alterar as tarefas.

2. Eu vi algumas pessoas se cansarem das brincadeiras do *Carrot* e deixarem de usá-lo depois que a novidade acabou.

Particularmente, penso que essa poderia ser uma maneira divertida para um monte de gente produzir mais. Com certeza vale a pena tentar.

Wunderlist. Esse é um ótimo aplicativo para organizar suas listas ou seus afazeres. Eu o uso quando vou rapidamente ao supermercado ou a drogaria. É fácil se distrair com as coisas reluzentes que você encontra nas lojas, mas esse aplicativo irá mantê-lo na linha. Eu gosto dele para listas curtas. É bastante simplista – mas qualquer coisa é melhor que o *Notes* do *iPhone*!

Any.DO. Eu gosto desse aplicativo porque também funciona como um calendário, assim, você pode facilmente definir prazos e convidar pessoas para ajudá-lo a terminar alguns de seus afazeres. Outro recurso interessante é que você pode escrever notas dentro de suas tarefas. Então, se você tem um item como "fazer o jantar", pode anotar os ingredientes dentro desse item. Carley Knobloch observa que ele irá ajudá-lo a identificar seu tempo livre e sugerir coisas em sua lista que poderão ser feitas nesse intervalo. Isso o ajudará a administrar melhor seu dia!

Todoist. Prioridade é o nome do jogo com esse aplicativo. Você pode priorizar cada uma de suas tarefas, arquivá-las em diferentes projetos e, se necessário, criar subtarefas. Eu gosto dele porque é bastante flexível. Não é simplista, como alguns dos outros, mas também não é complicado. Há também muitos *plug-ins* para o Gmail, Outlook e vários navegadores e sistemas de computador para ajudá-lo a integrar suas tarefas. Use os recursos que funcionem melhor para você e ignore os demais. É ideal para um novato, bem como para um criador de listas experiente.

Vejam também: Google Keep, 1-3-5 Coisas A Fazer, Remember the Milk.

SALVE SUAS LISTAS FAVORITAS

Eu lhe disse tudo sobre catálogos de listas no Capítulo 2. Estas são as listas que criamos para itens em geral, não tarefas. Às vezes, ter um aplicativo específico para cada tipo de item (livros, restaurantes, aniversários etc.) que você quer lembrar é o caminho certo, porque assim sabe exatamente onde encontrar essas listas.

Goodreads. Você está sempre buscando recomendações de livros? Eu amo o *Goodreads* porque você pode juntar-se aos amigos que gostam dos mesmos tipos de livros que você e obter facilmente suas recomendações. Também gosto dele porque é onde guardo todos os livros que quero ler. As pessoas me falam a respeito de bons livros o tempo todo, mas se não anotar os títulos nunca me lembrarei deles. Em vez de escrevê-los em um pedaço de papel – que eu poderia perder ou arquivá-lo em algum lugar em outro aplicativo, eu os guardo no *Goodreads*, que serve apenas para gerenciar listas de livros. **Veja também:** skoob.

Birthdays. Existem vários aplicativos que o ajudam a gerenciar todos os aniversários e dias especiais dos quais precisa se lembrar. Eu uso um muito simples chamado *Birthdays*, que faz um *link* com o Facebook e importa todos os aniversários e fotos dos meus amigos e da minha família. Usar um aplicativo como esse é uma boa prática, porque essa é a única informação que você estará mantendo ali, assim, nunca irá esquecer onde encontrá-la.

Matchbook. O *Matchbook* permite que você digite o nome de qualquer restaurante ou loja que queira se lembrar. Nos velhos tempos, era comum as pessoas levarem uma caixa de fósforos do lugar para se lembrarem de um local preferido; agora você apenas salva os dados no aplicativo *Matchbook*. Também é possível adicionar *tags* para lembrar certas coisas sobre o lugar – se o café da manhã é bom, se é barulhento ou se está muito na moda. Se você está à procura de um lugar para encontrar os amigos depois do trabalho, você pode pesquisar na vizinhança ou pelas *tags*.

O *Matchbook* funciona em todo o mundo e organiza suas listas por área, o que torna mais fácil encontrar rapidamente um lugar. Há também um mapa para que você possa localizar seus locais favoritos e ver quais estão mais próximos de você. Você pode compartilhar lugares com os amigos, mas não é preciso que você se torne amigo de ninguém por causa do aplicativo. O *Matchbook* irá ajudá-lo muito no que diz respeito à criação de listas.

Dashlane. Este é um aplicativo dedicado a salvar todas as suas senhas. É muito mais seguro que escrever suas senhas em um papel ou armazená-las em seu computador. Além disso, ele irá ajudá-lo a inventar senhas mais fortes baseadas naquelas que você usa todos os dias. Pense em todas as vezes que você foi impedido de acessar suas contas porque esqueceu a senha. Este aplicativo é uma necessidade para qualquer um que gerencie múltiplas contas – e quem não faz isso nos dias de hoje? **Veja também:** 1Password.

CONTROLE SEU DINHEIRO

A maioria de nós quer enterrar a cabeça na areia quando se trata de gerir nossas finanças. Mas ignorar suas contas não fará com que elas desapareçam. Portanto, meu conselho é manter-se receptivo e obter as ferramentas certas para ajudá-lo a lidar com isso.

Mint. Esta é uma ótima maneira de estar em dia com suas finanças sem ter muito trabalho. Tudo que você tem a fazer é vincular suas contas bancárias, todos seus investimentos e qualquer informação relativa a empréstimos, e o *Mint* controlará tudo para você. Ele manterá essas contas atualizadas e permitirá que você as veja todas de uma só vez com apenas uma senha. Ele vai até mesmo classificar todas suas despesas para mostrar onde está gastando mais dinheiro e oferecer-lhe sugestões de como poupar. É uma maneira maravilhosa de ser lembrado quanto a um pagamento devido ou simplesmente para que verifique suas contas em um piscar de olhos. É muito mais fácil do que receber várias contas pelo correio e controlar o pagamento de cada uma delas. Existe sincronização entre o *site* e o aplicativo, assim, você pode verificar suas contas a partir de qualquer lugar.

Expensify. Este é um aplicativo maravilhoso para ajudá-lo a manter o controle de todas suas despesas no trabalho e submetê-las diretamente ao seu chefe. Quando você compra algo, seja usando cartão de crédito ou dinheiro, você exporta essas informações para o aplicativo. Você pode até mesmo tirar fotos dos recibos e anexá--las ao relatório de despesas. Isso faz com que essa tarefa tediosa se torne algo – ouso dizer – **divertido!**

OneReceipt. Você nunca mais terá que guardar outro recibo novamente com esse aplicativo. Você poderá tirar uma foto de todos os seus recibos e manter o controle de suas compras. Ele permite que crie diferentes categorias, como, por exemplo para o trabalho, casa, saúde, viagens, e assim por diante, para que você possa acompanhar os gastos. Ele até mesmo manterá o controle dos seus *e-mails* de recibos e permitirá que você vincule sua conta de *e-mail* para que não precise sequer se lembrar de adicionar informações.

Seguem algumas referências brasileiras: GuiaBolso, Minhas Economias, Mobills, Zero Paper e Organizze. Como estas, existem muitas outras opções. Pesquise e monte a sua lista!

LISTAS PARA COMPRAR ATÉ DIZER CHEGA

Sempre fui uma cliente assídua e me orgulho por ser capaz de farejar um bom negócio. No entanto, agora existem ferramentas e truques para nos ajudar a fazer de um jeito ainda mais fácil. De lembrar-se onde deixou sua lista de compras até ter a certeza de que todos os seus cupons estão em um só lugar, definitivamente existe uma maneira mais fácil de fazê-lo. Os aplicativos são a sua resposta.

ZipList. Esse aplicativo torna a preparação de alimentos mais fácil, uma lista de cada vez. O aplicativo e o *site* da *ZipList* permitem que você navegue rapidamente pelas receitas e adicione todos os ingredientes à sua lista de compras. Ele cria a lista de tudo que você precisa no supermercado em um piscar de olhos. Você também pode importar suas próprias listas e salvar receitas provenientes de outros *sites*, bem como as favoritas da família. Além disso, você nunca mais irá experimentar a frustração de esquecer sua lista de compras em casa novamente! **Veja também:** Meu Carrinho.

CardStar. Os chaveiros são para chaves; as carteiras para documentos e cartões de crédito. Do mesmo modo, o *CardStar* foi feito para os **cartões de fidelidade**. Trata-se de uma ótima maneira de manter todos seus cartões de fidelidade e de desconto num só lugar, e com acesso fácil. Basta digitalizar cada um deles e, em seguida, retirá-los para sempre de sua carteira. O aplicativo ainda irá informá-lo quando uma determinada loja está oferecendo uma promoção especial.

Slice. Este é um dos meus favoritos para a época dos feriados, uma vez que faço muitas compras *on-line*. O *Slice* faz a sincronização com sua conta de *e-mail* para que sempre que receber uma confirmação de compra, o aplicativo passe a acompanhar a entrega para você. A partir daí você receberá lembretes curtos desde o momento em que o pacote for enviado até quando ele chegar à sua porta. Não ter que se lembrar que pedido estará chegando em determinado dia é uma enorme economia de tempo. E, como se isso não bastasse, o *Slice* também avisa quando o preço de algo que você acabou de comprar baixou, o que irá ajudá-lo a receber dinheiro de volta quando isso for possível, é claro. Por fim, o *Slice* também o alertará quando a Comissão de Segurança de Produtos de Consumo cancelar a comercialização de um produto.

PLANEJAR TORNOU-SE FÁCIL

Por algum tempo tive um negócio de planejamento de eventos com uma amiga. Acho que esse empreendimento resultou do meu amor por organizar as coisas e também do meu entusiasmo para montar eventos perfeitos. Percebi que nem todo mundo aprecia a tarefa de planejar passeios, férias e festas. Então, por que não adotar a tecnologia para dar uma mãozinha a essas pessoas? Como mencionei anteriormente, uso o *Evernote* para a maior parte do meu processo de planejamento, todavia, existem também outras grandes ferramentas.

TripIt. Coloque todos os seus planos de viagem em um só lugar com este aplicativo. Sua conta está sincronizada com seu *e-mail*, então, quando você recebe a confirmação da próxima viagem, ela será adicionada diretamente ao *TripIt*. Assim, suas informações de voo, as confirmações da locadora de automóveis, reservas de hotéis, entre outras, estarão todas em um só lugar. O aplicativo ainda lhe dará instruções de como chegar de um ponto a outro da cidade – algo que adoro, pois, desse modo, sempre sei de antemão exatamente quanto tempo irei demorar para chegar do aeroporto ao hotel.

Existe também um *site* onde você pode inserir as informações manualmente e então encaminhar as mensagens diretamente ao seu *e-mail* personalizado do *TripIt* e importar quaisquer outras coisas que gostaria de adicionar, tais como informações turísticas ou aquele curso para aprender a fazer massas para o qual você se inscreveu. Se você atualizar para o serviço *premium*, o *TripIt* o notificará caso seu tenha sido alterado e, inclusive fornecerá detalhes sobre o novo portão de embarque. É uma economia de tempo e também um grande alívio para dores cabeça, em todos os sentidos.

Pro Party Planner. Planejar uma festa pode ser uma tarefa hercúlea. Se o pensamento de organizar um chá de cozinha, uma festa de debutante ou casamento o faz encolher-se de medo, então, este é o aplicativo certo para você. Com ele é possível criar uma linha de tempo associada às tarefas que precisam ser realizadas e acompanhadas dentro de seus prazos. Um recurso de controle de orçamento irá mantê-lo informado sobre o quanto já gastou e quanto dinheiro ainda tem para o evento em questão. A ferramenta de gerenciamento de tarefas permite terceirizar cada item individualmente e contatar as pessoas, auxiliando-o via *e-mail*, mensagem de texto ou mesmo *FaceTime*. Existe até mesmo uma ferramenta para disposição de assentos. **Veja também:** Meu Churras, Churrascômetro.

COMPARTILHAR É DIVERTIDO

Não se atrasar com a sua família também pode se tornar uma tarefa bem complicada. Compromissos, eventos, aulas de dança, treinos, jogos dos seus filhos – tudo isso preenche sua agenda, mas pode ser difícil organizar todos os dados num só lugar.

Hatchedit. Este é um aplicativo e um *site* que gerencia o calendário de sua família. Você pode compartilhá-lo com várias pessoas, tais como a sua cara-metade, a babá ou a pessoa que passeia com seu cão. O *site* o ajudará a manter o controle de eventos, convites, afazeres diários, *blog* favoritos e grupos dos quais você faz parte. Então, se você deseja planejar um evento com seu clube do livro ou com o time de futebol do seu filho, todas as informações podem ser armazenadas e compartilhadas. Ao inscrever-se, você obtém seu próprio painel, que passa a fazer parte de sua rotina diária. Se você estiver se afogando em calendários de papel ou quiser abandonar seu quadro de avisos, essa é uma ótima maneira de organizar sua vida.

Cozi. Centralizar as compras tudo num só lugar ajudará a organizar a vida de todos em sua casa. O *Cozi* permite compartilhar com os membros da família listas de tarefas ou itens que precisam ser comprados em diferentes lojas. Ele também faz a sincronização com seu calendário para que você possa manter o controle de onde todo precisam estar. Cada membro da família recebe uma cor. Há até mesmo um diário onde é possível compartilhar fotos e pensamentos com seu "círculo íntimo". Outro recurso interessante é que você pode compartilhar esse diário com pessoas que não estão no *Cozi*, enviando-lhes um *e-mail* ou criando um boletim mensal de atualizações. É uma maneira bonita de manter os membros de sua família bem informados.

ABRACE O TOM SAWYER QUE EXISTE EM VOCÊ

Como mencionei no capítulo anterior, assim como Tom Sawyer e seu projeto de pintura, também costumo terceirizar as tarefas que não preciso fazer pessoalmente de modo que esteja livre para me concentrar naquilo que realmente preciso fazer. Existem alguns aplicativos e serviços muito bons por aí, que irão justamente gerenciar as tarefas que você prefere não fazer.

Path Talk (antes *TalkTo*). Nunca volte a desperdiçar seu tempo ao telefone com serviços de atendimento ao cliente, em busca de um produto numa loja ou mesmo tentando alterar a data de um compromisso. O *Path Talk* é um aplicativo que permite que você envie mensagens de texto para qualquer negócio nos EUA e faça--lhes uma pergunta. Ele convenientemente o ajuda a reservar uma mesa num restaurante, descobrir se há um produto em estoque, qual é o horário de atendimento de uma loja, comparar preços e muito mais. As solicitações são normalmente respondidas em apenas cinco minutos. Minha parte favorita é que você pode fazer uma solicitação e depois esquecê-la. Mesmo que a pergunta lhe ocorra no meio da madrugada, é possível simplesmente enviá-la para o *Path Talk*, e uma vez que a loja ou restaurante inicie suas atividades, ela será recebida.

Fancy Hands. Sou uma grande fã do *FancyHands*.com desde a época do lançamento. É como ter um assistente pessoal ao seu alcance. Por uma taxa pré-estabelecida, você adquire o direito de delegar um certo número de tarefas por mês – coisas como pesquisar os melhores restaurantes em Roma, reservar um serviço de transporte para o aeroporto, localizar um professor de guitarra em Nova York, e qualquer outra tarefa que possa ser realizada usando um telefone e um computador. Eles não vão pegar sua roupa na lavanderia, mas irão encontrar o melhor serviço para buscá-la em seu lugar.

TaskRabbit. Outro dos meus serviços favoritos. Este aplicativo e *website* o conecta a pessoas em sua comunidade que irão fazer compras de supermercado para você, entregar um presente de aniversário para sua mãe ou até mesmo montar seu mobiliário. Os *TaskRabbits* vão concorrer pela sua tarefa, e você poderá conferir os comentários sobre seus trabalhos anteriores. Eu utilizei o serviço para registrar entrevistas por telefone, criar um inventário de postagens e entregar presentes.

Asana. Comecei a usar o *Asana* com meus estagiários para o meu *blog*. É um serviço móvel e que funciona com base na Internet, projetado por funcionários do Facebook para melhorar a produtividade da empresa. Nós gostamos dele porque nos permite enviar menos *e-mails*, e nunca deixa que as ocupadas senhoras se esqueçam de nada! Você pode trabalhar em vários projetos ao mesmo tempo com a mesma equipe e criar tarefas específicas dentro de cada projeto. Você pode facilmente atribuir ações diversas a diferentes membros da equipe. O aplicativo móvel exibe notificações que lhe permitem saber quando é a hora de completar uma tarefa. Você também poderá usá-lo em casa – diga adeus ao quadro de tarefas! Esse aplicativo permite que você veja no que todos estão trabalhando sem complicações! O serviço é gratuito para equipes que tenham no máximo quinze membros.

Uber. Nunca teve problemas para chamar um táxi? Talvez você esteja preso na chuva, ou carregando uma tonelada de mantimentos e adoraria pegar um táxi para casa, mas é mais fácil pensar do que fazer, certo? Agora não mais! Graças ao *Uber* já é possível chamar um transporte privado a partir do seu *smartphone*! Essa é a última palavra em **terceirização**. Venho usando o serviço por algum tempo e realmente adoro. Em vez de correr pelas ruas de Nova York à procura de um táxi, eu simplesmente chamo um a partir do conforto do meu apartamento e, quando eu descer, ele estará esperando na porta do prédio.

Você obtém informações sobre o motorista, incluindo seu número de telefone e foto para que possa identificá-lo. O serviço está disponível nas principais cidades em todo o mundo.

VOCÊ SE TORNA O QUE VOCÊ ACREDITA

Sendo uma grande fã de listas de coisas que devem ser feitas antes de morrer, de listas de gratidão e de quadros de visualização, acredito que você não possa colocar nada de positivo em movimento sem primeiro prever o resultado. E, sim, também existem soluções digitais para ajudá-lo a viver uma vida mais positiva.

MyLifeList.org. Com este *site*, compartilhar seus sonhos e objetivos é simples. Basta escrever todas as coisas que você quer realizar e, em seguida, responder algumas perguntas para ajudá-lo a atingir esses objetivos. Essa comunidade *on-line* compartilha seus objetivos com outras pessoas que podem falar sobre suas próprias experiências ou que partilham do mesmo sonho. Imagine ligar-se a alguém que também quer viajar para a Índia para praticar yoga. É um ótimo *site* motivacional, que o inspira a alcançar seus objetivos.

DreamItAlive.com. Se você já fez um quadro de visualização no papel, sabe que a montagem é um pouco trabalhosa. Mas um quadro virtual é bem simples. Este *site* permite que você percorra centenas de fotos que irão inspirá-lo, permitindo que anexe fotos de seus objetivos. Eu nunca percebi o quanto queria aprender a fazer massas caseiras até que vi o quão feliz alguém ficava ao fazê-lo! O *site* conta com uma comunidade onde você pode compartilhar o apoio com os outros. É uma grande fonte de motivação! Você pode até mesmo ajudar a financiar a meta de outra pessoa ou pedir ajuda com a sua própria.

Pinterest.com. Eu poderia me perder por horas neste *site*. Se você ainda não foi capturado, sugiro dar-lhe uma chance. Digite qualquer coisa que lhe interesse, talvez "visitar a China", e a inspiração o alcançará por todos os lados. Faça seus próprios quadros de aspirações e consulte-os frequentemente.

Gratitude Journal at HappyTapper.com. Que maneira maravilhosa de terminar o seu dia – com uma lista de gratidão. No começo pode parecer um pouco com uma tarefa, mas, depois que pegar o jeito, se revelará extremamente terapêutico. Pense em todas as coisas pelas quais você é grato – as grandes e pequenas. Estou falando de coisas como um escritório silencioso, fazer amor, comer rosquinhas, um almoço grátis, conversa inteligente, caminhar num parque na primavera. Qualquer coisa e tudo que te faz sorrir deverá ir para essa lista. Estudos mostram que você se torna mais feliz por se sentir mais grato.

PIXELS VERSUS PAPEL

Se você ainda está em cima do muro no que diz respeito a migrar para o digital, aqui estão algumas soluções para satisfazer tanto a sua necessidade de escrever suas listas à mão quanto sua curiosidade sobre tornar-se digital:

Livescribe. Essa empresa produz um monte de canetas diferentes que vêm equipadas com uma câmera. Então, você escreve suas notas e listas, como faria normalmente, mas tudo também está sendo capturado digitalmente. O problema é que você precisa usar o papel especial deles para escrever suas notas. Isso pode ser um pouco chato, mas a tecnologia é muito interessante, e vale a pena tentar. As notas sincronizam-se com um aplicativo que vem com a caneta, e você pode exportá-las para o *Evernote*.

Boogie Board. Esses *tablets* são perfeitos para criadores de listas de todas as idades. Eles também se sincronizam com o *Evernote* e com as plataformas de mídia social, de modo que você consegue compartilhar o seu trabalho. Pense em todos os rabiscos, todas as listas e todos os diagramas que você poderia criar e acompanhar. Se você é famoso por perder suas notas, esse *tablet* é uma boa solução para você. É uma maneira ecologicamente correta de tomar notas e transformá-las em algo digital para usar posteriormente.

UMA TECNOLOGIA DE CADA VEZ

Espero que essas soluções tenham lhe inspirado a tornar-se digital. Porém, três palavras de cautela: **vá com calma**! Você não vai querer distender seus tendões tecnológicos rápido demais. Segundo Carley Knobloch: "Abordar apenas uma questão de cada vez o ajudará a ganhar confiança e constituir um hábito sólido. Tentar adotar e sincronizar tudo de uma só vez, alterando toda a sua vida e todos os seus sistemas de uma hora para a outra não irá funcionar. Acredite, no quesito **'autoconfiança'** você só estará caminhando para trás, pois, em geral, as pessoas não conseguem se adaptar dessa maneira."

Então, feliz criação de listas digitais!

ÚLTIMA LISTA

Ótimo, agora você já sabe tudo sobre listas. E o que vem a seguir? **Bem, outra lista, é claro!**

1º) Basta iniciar a criação de listas. Começar é sempre o mais difícil. Eu gosto de dizer às pessoas para fazerem uma lista das coisas que se deve fazer antes de morrer em primeiro lugar. Você se conhece melhor do que ninguém, por isso, anote todas as coisas que gostaria de fazer se o dinheiro, o tempo e as responsabilidades não fossem um impedimento.

2º) Descubra o que funciona para você. Nem sempre é fácil no início, mas acredite, vale a pena. Tente diferentes cadernos, aplicativos, lápis, canetas etc. Um desses sistemas funcionará para você.

3º) Você pode listar tanto quanto quiser – sem pressão.

4º) Visite meu *site* para se inspirar na criação de listas: ListProducer.com

5º) Compilei uma caixa de ferramentas para você começar com sua criação de listas. Confira os *downloads* gratuitos em ListProducer.com/ListfulThinkingGuide.

6º) Escreva-me se tiver quaisquer perguntas, dilemas, ou apenas para dizer olá: paula@listproducer.com

ÍNDICE DE LISTAS

Este índice contém muitas das listas que mencionei ao longo desse livro. Espero que você as use como referência e também como um ponto de partida para criar suas próprias listas personalizadas. Para mais listas como estas visite meu *site*, ListProducer.com.

Lista de verificação (*checklist*) de pesquisa de apartamento
Minha jornada de produção de listas começou com essa lista de verificação. Então, pensei que seria apropriado compartilhá-la com você. Ela pode ser adaptada conforme as necessidades, mas o que realmente irá ajudá-lo mais será a preparação que fizer antes de pisar em um possível novo lar.

Pesquisa de apartamento	
Endereço (incluindo o andar, se necessário):	
Contato:	
Número de dormitórios:	
Metragem quadrada:	
Aluguel:	
Estação de metrô mais próxima:	
Segurança:	

Listomania

Instalações de lavanderia:	
Lava-louças:	
Período do aluguel:	
Disponibilidade:	
Portaria:	
Ar-condicionado:	
Serviços inclusos:	
Vaga de estacionamento:	
Vantagens do edifício:	
Quantidade de armários:	
Tipo de piso:	
Recém-pintado:	
Cabeamento pronto:	
Animais de estimação:	
Varanda:	
Vista:	

Lista de bagagem para casamento no exterior

Mídia
- ✓ Celular e carregador.
- ✓ Câmera digital, baterias, cartões de memória.
- ✓ *iPod* / MP3 player e fones de ouvido.
- ✓ *Tablet.*
- ✓ Guia(s) de viagem.

Remédios
- ✓ Pomada antibiótica.
- ✓ Medicação antidiarreica.
- ✓ Curativos.
- ✓ Anticoncepcionais.
- ✓ Repelente.
- ✓ Par de óculos extra.
- ✓ Pomada antialérgica (dermatológica).
- ✓ Creme hidratante.
- ✓ Analgésico.
- ✓ Remédios controlados.
- ✓ Pílulas para enjoo (para cruzeiros).

Dinheiro e documentos
- ✓ Cartões de visita.
- ✓ Dinheiro vivo.
- ✓ Carteira de motorista.
- ✓ Telefones de emergência.
- ✓ Itinerário.
- ✓ Certidão de casamento.
- ✓ Passagens aéreas ou confirmações.
- ✓ Passaporte.
- ✓ Cartão para telefone pré-pago.
- ✓ Lista de convidados.
- ✓ Itens para a sacola de boas-vindas.

Diversos e extras
- ✓ Gel antibacteriano.
- ✓ Cotonetes.
- ✓ Chaves.
- ✓ Algodão.
- ✓ Óleo para massagem.
- ✓ Sacolas plásticas Ziploc®.
- ✓ Baralho.
- ✓ Óculos de sol.
- ✓ Protetor solar.
- ✓ Guarda-chuva.
- ✓ Presentes do noivo / da noiva.

Coisas dele
- ✓ Traje de casamento.
- ✓ Sapatos para caminhar.
- ✓ Cintos.
- ✓ Cuecas.
- ✓ Camisas casuais.
- ✓ Camisas sociais.
- ✓ Sapatos sociais.
- ✓ Chapéu.
- ✓ Calças.
- ✓ Pijamas / robe.
- ✓ Sandália.
- ✓ Bermudas.

- ✓ Jaqueta esporte.
- ✓ Calção de banho.
- ✓ Gravata(s).
- ✓ Camisetas.
- ✓ Roupas de ginástica.
- ✓ Produtos de higiene pessoal masculinas.
- ✓ Pente / escova.
- ✓ Desodorante.
- ✓ Fio dental.
- ✓ Protetor labial.
- ✓ Aparelho de barbear / creme de barbear.
- ✓ *Shampoo* / condicionador / produtos para modelar o cabelo.
- ✓ Escova de dentes / creme dental / antisséptico bucal.

Coisas dela
- ✓ Traje de casamento.
- ✓ Grinalda.
- ✓ Véu.
- ✓ Sapatos de casamento.
- ✓ Outras roupas e acessórios.
- ✓ Trajes de banho.
- ✓ Sutiãs.
- ✓ Calcinhas.
- ✓ Roupas íntimas.
- ✓ Joias – brincos, colares, pulseiras.
- ✓ Vestidos.

- ✓ Saltos.
- ✓ Pareô / sarongue / xale grande.
- ✓ Robe.
- ✓ Sandálias.
- ✓ *Shorts* / calças capri.
- ✓ Saias.
- ✓ Calças.
- ✓ Tênis ou sapatos para caminhar.
- ✓ Meias.
- ✓ Camisa elegante.
- ✓ Suéter.
- ✓ Chapéu de palha ou com abas largas.
- ✓ Camisetas regata / coletes / *tops* sem mangas.
- ✓ Tangas.
- ✓ Roupas de ginástica.

Artigos diversos

- ✓ Talco de bebê.
- ✓ Secador de cabelos / prancha modeladora.
- ✓ Pente / escova.
- ✓ Estojo de cosméticos.
- ✓ Desodorante.
- ✓ Desodorante para os pés (na verdade, ajuda a minimizar os cortes provenientes das sandálias).
- ✓ Estojo de maquiagem.
- ✓ Removedor de maquiagem.

- ✓ Limpador facial.
- ✓ Creme hidratante.
- ✓ Absorventes.
- ✓ Escova de dentes / creme dental / fio dental / antisséptico bucal.
- ✓ Shampoo / condicionador / produtos de modelagem para os fios.
- ✓ Prendedor de cabelo.
- ✓ Pinças.
- ✓ Brincos
- ✓ Véu
- ✓ Grinalda
- ✓ Sapatos para casar

Itens de viagem imprescindíveis
Viajar pode ser muito estressante, não importa o quanto você planeje. Mas existem algumas dicas e truques que podem ajudar. Tenho viajado bastante com minha amiga Nicole, a quem já mencionei antes. Nós nos unimos para escrever esta lista de viagem imprescindível.

Aplicativos
- ✓ Busuu (para traduzir frases simples quando você estiver no exterior).
- ✓ The Layover (para conhecer os lugares favoritos mencionado no programa de TV de Anthony Bourdain, se for o caso, dependendo da região onde estiver viajando).
- ✓ Trip Advisor (para avaliar restaurantes em cima da hora quando estiver se deslocando).
- ✓ New Pilates (para se exercitar no quarto ou na academia do hotel).

- ✓ Compass (assim você sempre saberá em que direção seguir).
- ✓ Weather Channel (insira seu destino para que você nunca mais seja pego de surpresa pela chuva).
- ✓ Evernote (para todos os seus itinerários, notas arquivadas, instruções e direções etc.).
- ✓ TripIt (para manter o controle de todos os números de confirmação e do seu cronograma para o dia).
- ✓ Next Issue (uma maneira de manter suas revistas favoritas no iPad em vez de carregá-las com você).
- ✓ PressReader (fique por dentro das notícias em qualquer lugar do mundo com seus jornais preferidos).

Roupas e acessórios

- ✓ Agasalho de caxemira para o avião.
- ✓ Sapatos macios, dobráveis e fáceis de guardar, para longas caminhadas.
- ✓ Capa de chuva leve.
- ✓ Uma bolsa neutra para a noite.
- ✓ Mini guarda-chuva.
- ✓ Chinelos para os quartos de hotel e o avião.
- ✓ Bolsa a tiracolo com muitos bolsos.
- ✓ Máscara de olhos para o avião.

Eletrônicos

- ✓ Divisor para fones de ouvido (para dois poderem assistir a um filme).
- ✓ Fones de ouvido.
- ✓ Um iPad ou outro *tablet* com teclado.

Outros
- ✓ Space Bags® ou similares.
- ✓ Etiqueta de bagagem brilhantes.
- ✓ Travesseiro de viagem.
- ✓ Adoçante natural.
- ✓ Uma caneta e um pequeno bloco de papel (para escrever recomendações ou instruções, dicas).
- ✓ Mini *spray* desinfetante para o telefone do quarto do hotel, controle remoto etc.
- ✓ Uma sacola separada para guardar roupa suja.
- ✓ Sacos plásticos (você nunca sabe quando irá precisar deles).

Artigos de higiene pessoal
- ✓ Lenços desinfetantes (embalados individualmente).
- ✓ Lenços umedecidos (para manter a pele hidratada durante o voo).
- ✓ Miniprotetores labiais.
- ✓ Frascos de perfume do tipo *roll-on*.
- ✓ Desodorante para os pés (que também ajudam a evitar bolhas).

Seis maneiras grátis para fazer o dia de alguém mais feliz

Aqui está uma lista de gestos que você poderá empregar para melhorar o dia de alguém.

1. **Sorria.** É simples. Comecei a fazer isso sempre que falo com alguém. Às vezes pode parecer forçado, mas eu sempre o faço. Ao receber um pedido *delivery* ou falar com o porteiro de um edifício, eu sorrio para a pessoa que está me ajudando. Instantaneamente, seu semblante se ilumina também.

2. **Pegue o panfleto.** Se você vive numa cidade grande como eu, sabe como pode ser irritante as pessoas distribuindo folhetos e panfletos na rua. Resolvi abraçar esse cenário azucrinante. Da próxima vez que alguém abanar um panfleto na sua cara, pegue-o. Ninguém gosta de ser rejeitado. Essa pessoa está apenas fazendo um trabalho, e você pode torná-lo um pouco mais fácil simplesmente mostrando-se descontraído. Você poderá jogá-lo fora na próxima lixeira que encontrar, ou quem sabe até irá encontrar a informação que estiver precisando, e sem querer.

3. **Envie uma nota.** As pessoas não enviam cartas o suficiente hoje em dia. Sou uma aberração total com relação a artigos de papelaria, assim, aprecio todos os tipos de papel. Envie para alguém uma nota manuscrita personalizada apenas para dizer "Como vai!" e o ânimo dela se levantará imediatamente, fazendo com que ela se sinta feliz ao ver que, afinal, não se trata de mais uma conta para pagar. Você também pode escrever uma mensagem doce em um *post-it* e colá-la em um espelho ou no monitor do computador de um colega.

4. **Ouça.** Às vezes as pessoas só querem ser ouvidas. Aprendi que isso vai ajudá-lo a ser um amigo extraordinário. Nem sempre você tem que ter uma solução; às vezes, o melhor bálsamo é apenas ouvir o que o outro tem a dizer.

5. **Agradeça.** Quando alguém faz algo de bom para você, seja em uma loja, em um restaurante ou na rua, diga obrigado. Quando eu o faço é porque sinto que devo fazê-lo. Dê o crédito a quem o merece. As pessoas apreciam um reforço positivo.

6. **Compartilhe.** Emprestar o seu livro favorito a alguém, compartilhar sua receita predileta de biscoito, enviar um *e-mail* com uma imagem bonita de um cão, contar uma história engraçada ou uma piada. Espalhar alegria pode ser muito simples. Comece com as coisas que você gosta. Não foi assim que surgiu o quadro: "**As coisas favoritas de Oprah**"?

CRIE sua própria LISTA
dos melhores sites e aplicativos

Muitas das referências aos sites e aplicativos apresentadas pela autora também estão disponíveis no Brasil, mas como a Internet muda rapidamente, sugerimos a você que faça sua pesquisa e monte a sua própria lista.

AGRADECIMENTOS

Minha lista de amor:
Jay Berman

Olga Rizzo

Louis Rizzo

Minha lista de professores:
Cathy Krein

Brenda Knight

Rita Rosenkranz

Beth Grossman

Dr. Manny Alvarez

Minha lista de confidentes:
Terri Trespicio

Nicole Feldman

Lisa Logallo Chavez

Nicole Meiselbach

Carolyn Reilly

Michele Reilly

Jennifer Walsh

Jessica Mulvihill

Sharon Hazelrigg

Minha lista de "tempestade cerebral / troca de ideias / escrever aos amigos":
Jene Luciani

Emily Leibert

Erika Katz
Darcie Rowan
Mary Lengle
Shaiza Shamim
Meu grupo de encontro de listas e libações

Meus estagiários que ajudaram com a lista de informações deste livro:
Kayla Ellman
Matthew Hauptman
Audra Martin
Isabel McCullough
Nicole Rouyer Guillet
Caitlin Scott
Erin Scott

Minha lista de distrações:
Super gatas
Revista Real Simple
Netflix
Rádio Pandora
Cadernos bonitos da Papyrus, KnockKnockStuff e Kate's Paparie
Pinot grigio

Minha lista de inspiração:
Oprah Winfrey
Barbara Walters
Paul T. Rizzo, meu avô e encadernador durante 25 anos, que me ensinou a amar e respeitar os livros.

SOBRE A AUTORA

Paula Rizzo é a produtora sênior da área de saúde para o FoxNews.com no Fox News Channel e fundadora do ListProducer.com. Ela é uma das ganhadoras do Emmy Award e atribui muito do seu sucesso à sua criação compulsiva de listas. Essa nova-iorquina nativa cria listas para todas as tarefas e eventos que assume, desde encontrar um apartamento até o sutiã perfeito. Ela iniciou o ListProducer.com em abril de 2011 para ajudar os outros a se tornarem mais organizados, focados, eficientes e menos estressados. Paula herdou suas habilidades de criação de listas de seu pai, Louis. Ela vive em Manhattan com seu marido, Jay Berman.

DVS EDITORA
www.dvseditora.com.br

GRÁFICA PAYM
Tel. [11] 4392-3344
paym@graficapaym.com.br